# PREFACIO

La colección de guías de conversación para viajar "Todo irá bien" publicada por T&P Books está diseñada para personas que viajan al extranjero para turismo y negocios. Las guías contienen lo más importante - los elementos esenciales para una comunicación básica.Éste es un conjunto de frases imprescindibles para "sobrevivir" mientras está en el extranjero.

Esta guía de conversación le ayudará en la mayoría de los casos donde usted necesite pedir algo, conseguir direcciones, saber cuánto cuesta algo, etc. Puede también resolver situaciones difíciles de la comunicación donde los gestos no pueden ayudar.

Este libro contiene muchas frases que han sido agrupadas según los temas más relevantes. Una sección separada del libro también ofrece un pequeño diccionario con más de 1.500 palabras importantes y útiles.

Llévese la guía de conversación "Todo irá bien" en el camino y tendrá una insustituible compañera de viaje que le ayudará a salir de cualquier situación y le enseñará a no temer hablar con extranjeros.

# TABLA DE CONTENIDOS

T&P Books Publishing

# PRONUNCIACIÓN

| T&P alfabeto fonético | Ejemplo ruso | Ejemplo español |
|---|---|---|

## Las consonantes

| | | |
|---|---|---|
| [b] | абрикос [abrikós] | en barco |
| [d] | квадрат [kvadrát] | desierto |
| [f] | реформа [refórma] | golf |
| [g] | глина [glína] | jugada |
| [ʒ] | массажист [masaʒíst] | adyacente |
| [j] | пресный [présnij] | asiento |
| [h], [x] | мех, Пасха [méh], [pásxa] | registro |
| [k] | кратер [krátɛr] | charco |
| [l] | лиловый [lilóvij] | lira |
| [m] | молоко [mɔlɔkó] | nombre |
| [n] | нут, пони [nút], [póni] | número |
| [p] | пират [pirát] | precio |
| [r] | ручей [rutʃéj] | era, alfombra |
| [s] | суслик [súslik] | salva |
| [t] | тоннель [tɔnélʲ] | torre |
| [ʃ] | лишайник [liʃájnik] | shopping |
| [ʧ] | врач, речь [vrátʃ], [rétʃʲ] | mapache |
| [ʦ] | кузнец [kuznéʦ] | tsunami |
| [ʃʲ] | мощность [móʃʲnɔstʲ] | China |
| [v] | молитва [mɔlítva] | travieso |
| [z] | дизайнер [dizájner] | desde |

## Símbolos adicionales

| | | |
|---|---|---|
| [ʲ] | дикарь [dikárʲ] | signo de palatalización |
| [·] | автопилот [aftɔ·pilót] | punto medio |
| [ˈ] | заплата [zapláta] | acento primario |

| T&P alfabeto fonético | Ejemplo ruso | Ejemplo español |
|---|---|---|

## Vocales estresadas

| | | |
|---|---|---|
| [á] | платье [plátje] | radio |
| [é] | лебедь [lébetʲ] | verano |
| [ǿ] | шахтёр [ʃahtǿr] | yogur |
| [í] | организм [ɔrganízm] | ilegal |
| [ó] | роспись [róspisʲ] | bordado |
| [ú] | инсульт [insúlʲt] | mundo |
| [ɨ] | добыча [dɔbɨ̃ʧa] | abismo |
| [ǽ] | полиэстер [poliǽstɛr] | vencer |
| [ʲú], [jú] | салют, юг [salʲút], [júg] | lluvia |
| [ʲá], [já] | связь, я [svʲásʲ], [já] | ensayar |

## Vocales desestresadas

| | | |
|---|---|---|
| [a] | гравюра [gravʲúra] | vocal neutra, similar a la schwa [ə] |
| [e] | кенгуру [kengurú] | vocal neutra, similar a la schwa [ə] |
| [ə] | пожалуйста [pɔʒálɘsta] | llave |
| [i] | рисунок [risúnɔk] | ilegal |
| [ɔ] | железо [ʒelézɔ] | vocal neutra, similar a la schwa [ə] |
| [u] | вирус [vírus] | mundo |
| [ɨ] | первый [pérvɨj] | abismo |
| [ɛ] | аэропорт [aɛrɔpórt] | mes |
| [ʲu], [ju] | брюнет [brʲunét] | lluvia |
| [ɨ], [jɨ] | заяц, язык [záɨts], [jɨzɨ̃k] | vocal neutra, similar a la schwa [ə] |
| [ʲa], [ja] | няня, копия [nʲánʲa], [kópija] | ensayar |

Colección de guías de conversación
"¡Todo irá bien!"

T&P Books Publishing

# GUÍA DE CONVERSACIÓN
## RUSO

## LAS PALABRAS Y LAS FRASES MÁS ÚTILES

Esta Guía de Conversación contiene las frases y las preguntas más comunes necesitadas para una comunicación básica con extranjeros

Andrey Taranov

**T&P BOOKS**

Guía de conversación + diccionario de 1500 palabras

# Guía de conversación Español-Ruso y diccionario conciso de 1500 palabras

por Andrey Taranov

La colección de guías de conversación para viajar "Todo irá bien" publicada por T&P Books está diseñada para personas que viajan al extranjero para turismo y negocios. Las guías contienen lo más importante - los elementos esenciales para una comunicación básica. Éste es un conjunto de frases imprescindibles para "sobrevivir" mientras está en el extranjero.

Una otra sección del libro también ofrece un pequeño diccionario con más de 1.500 palabras útiles. El diccionario incluye muchos términos gastronómicos y será de gran ayuda para pedir los alimentos en un restaurante o comprando comestibles en la tienda.

T&P Books Publishing
www.tpbooks.com

ISBN: 978-1-78492-635-9

Este libro está disponible en formato electrónico o de E-Book también.
Visite www.tpbooks.com o las librerías electrónicas más destacadas en la Red.

# LISTA DE ABREVIATURAS

## Abreviatura en español

| | | |
|---|---|---|
| adj | - | adjetivo |
| adv | - | adverbio |
| anim. | - | animado |
| conj | - | conjunción |
| etc. | - | etcétera |
| f | - | sustantivo femenino |
| f pl | - | femenino plural |
| fam. | - | uso familiar |
| fem. | - | femenino |
| form. | - | uso formal |
| inanim. | - | inanimado |
| innum. | - | innumerable |
| m | - | sustantivo masculino |
| m pl | - | masculino plural |
| m, f | - | masculino, femenino |
| masc. | - | masculino |
| mat | - | matemáticas |
| mil. | - | militar |
| num. | - | numerable |
| p.ej. | - | por ejemplo |
| pl | - | plural |
| pron | - | pronombre |
| sg | - | singular |
| v aux | - | verbo auxiliar |
| vi | - | verbo intransitivo |
| vi, vt | - | verbo intransitivo, verbo transitivo |
| vr | - | verbo reflexivo |
| vt | - | verbo transitivo |

## Abreviatura en ruso

| | | |
|---|---|---|
| ВОЗВ | - | verbo reflexivo |
| Ж | - | sustantivo femenino |
| Ж МН | - | femenino plural |
| М | - | sustantivo masculino |
| М МН | - | masculino plural |

| | | |
|---|---|---|
| м, ж | - | masculino, femenino |
| мн | - | plural |
| н/пх | - | verbo intransitivo, verbo transitivo |
| н/св | - | aspecto perfectivo/imperfectivo |
| нпх | - | verbo intransitivo |
| нсв | - | aspecto imperfectivo |
| пх | - | verbo transitivo |
| с | - | neutro |
| с мн | - | género neutro plural |
| св | - | aspecto perfectivo |

**T&P BOOKS**

# GUÍA DE CONVERSACIÓN RUSO

Esta sección contiene frases importantes que pueden resultar útiles en varias situaciones de la vida real. La Guía le ayudará a pedir direcciones, aclaración sobre precio, comprar billetes, y pedir alimentos en un restaurante

**T&P Books Publishing**

# CONTENIDO DE LA GUÍA DE CONVERSACIÓN

**T&P Books Publishing**

| | |
|---|---|
| Perdone, ... | **Извините, ...**<br>[izviníte, ...] |
| Hola. | **Здравствуйте.**<br>[zdrástvujţe.] |
| Gracias. | **Спасибо.**<br>[spasíbɔ.] |

| | |
|---|---|
| Sí. | **Да.**<br>[dá.] |
| No. | **Нет.**<br>[nét.] |
| No lo sé. | **Я не знаю.**<br>[já ne znáju.] |
| ¿Dónde? \| ¿A dónde? \| ¿Cuándo? | **Где? \| Куда? \| Когда?**<br>[gdé? \| kudá? \| kɔgdá?] |

| | |
|---|---|
| Necesito ... | **Мне нужен ...**<br>[mné núʒen ...] |
| Quiero ... | **Я хочу ...**<br>[já hɔʧú ...] |
| ¿Tiene ...? | **У вас есть ...?**<br>[u vás jéstʲ ...?] |
| ¿Hay ... por aquí? | **Здесь есть ...?**<br>[zdésʲ éstʲ ...?] |
| ¿Puedo ...? | **Я могу ...?**<br>[já mɔgú ...?] |
| ..., por favor? (petición educada) | **пожалуйста**<br>[pɔʒáləsta] |

| | |
|---|---|
| Busco ... | **Я ищу ...**<br>[já iʃʲú ...] |
| el servicio | **туалет**<br>[ţualét] |
| un cajero automático | **банкомат**<br>[bankɔmát] |
| una farmacia | **аптеку**<br>[aptéku] |
| el hospital | **больницу**<br>[bɔlʲníʦu] |

| | |
|---|---|
| la comisaría | **полицейский участок**<br>[pɔliʦǽjskij uʧástɔk] |
| el metro | **метро**<br>[metró] |

| | |
|---|---|
| un taxi | такси<br>[taksí] |
| la estación de tren | вокзал<br>[vɔkzál] |

| | |
|---|---|
| Me llamo … | Меня зовут …<br>[menʲá zɔvút …] |
| ¿Cómo se llama? | Как вас зовут?<br>[kák vás zɔvút?] |
| ¿Puede ayudarme, por favor? | Помогите мне, пожалуйста.<br>[pɔmɔgíte mné, pɔʒáləsta.] |
| Tengo un problema. | У меня проблема.<br>[u menʲá prɔbléma.] |
| Me encuentro mal. | Мне плохо.<br>[mné plóhɔ.] |
| ¡Llame a una ambulancia! | Вызовите скорую!<br>[vɨ̄zɔvite skóruju!] |
| ¿Puedo llamar, por favor? | Могу я позвонить?<br>[mɔgú já pɔzvɔnítʲ?] |

| | |
|---|---|
| Lo siento. | Извините.<br>[izviníte.] |
| De nada. | Пожалуйста.<br>[pɔʒáləsta.] |

| | |
|---|---|
| Yo | я<br>[já] |
| tú | ты<br>[tɨ̄] |
| él | он<br>[ón] |
| ella | она<br>[ɔná] |
| ellos | они<br>[ɔní] |
| ellas | они<br>[ɔní] |
| nosotros /nosotras/ | мы<br>[mɨ̄] |
| ustedes, vosotros | вы<br>[vɨ̄] |
| usted | Вы<br>[vɨ̄] |

| | |
|---|---|
| ENTRADA | ВХОД<br>[fhód] |
| SALIDA | ВЫХОД<br>[vɨ̄hɔd] |
| FUERA DE SERVICIO | НЕ РАБОТАЕТ<br>[ne rabótaet] |
| CERRADO | ЗАКРЫТО<br>[zakrɨ̄tɔ] |

ABIERTO

**ОТКРЫТО**
[ɔtkrĩtɔ]

PARA SEÑORAS

**ДЛЯ ЖЕНЩИН**
[dlʲa ʒǽnʃin]

PARA CABALLEROS

**ДЛЯ МУЖЧИН**
[dlʲa muʃín]

## Preguntas

| | |
|---|---|
| ¿Dónde? | **Где?**<br>[gdé?] |
| ¿A dónde? | **Куда?**<br>[kudá?] |
| ¿De dónde? | **Откуда?**<br>[ɔtkúda?] |
| ¿Por qué? | **Почему?**<br>[pɔʧemú?] |
| ¿Con que razón? | **Зачем?**<br>[zaʧém?] |
| ¿Cuándo? | **Когда?**<br>[kɔgdá?] |

| | |
|---|---|
| ¿Cuánto tiempo? | **Как долго?**<br>[kák dólgɔ?] |
| ¿A qué hora? | **Во сколько?**<br>[vɔ skólʲkɔ?] |
| ¿Cuánto? | **Сколько стоит?**<br>[skólʲkɔ stóit?] |
| ¿Tiene ...? | **У вас есть ...?**<br>[u vás jéstʲ ...?] |
| ¿Dónde está ...? | **Где находится ...?**<br>[gdé nahóditsa ...?] |

| | |
|---|---|
| ¿Qué hora es? | **Который час?**<br>[kɔtórij ʧás?] |
| ¿Puedo llamar, por favor? | **Могу я позвонить?**<br>[mɔgú já pɔzvɔnítʲ?] |
| ¿Quién es? | **Кто там?**<br>[któ tám?] |
| ¿Se puede fumar aquí? | **Могу я здесь курить?**<br>[mɔgú já zdésʲ kurítʲ?] |
| ¿Puedo ...? | **Я могу ...?**<br>[já mɔgú ...?] |

## Necesidades

| | |
|---|---|
| Quisiera … | Я бы хотел /хотела/ …<br>[já bi hɔtél /hɔtéla/ …] |
| No quiero … | Я не хочу …<br>[já ne hɔʧú …] |
| Tengo sed. | Я хочу пить.<br>[já hɔʧú pítʲ.] |
| Tengo sueño. | Я хочу спать.<br>[já hɔʧú spátʲ.] |

| | |
|---|---|
| Quiero … | Я хочу …<br>[já hɔʧú …] |
| lavarme | умыться<br>[umītsa] |
| cepillarme los dientes | почистить зубы<br>[poʧístitʲ zúbi] |
| descansar un momento | немного отдохнуть<br>[nemnógɔ ɔtdɔhnútʲ] |
| cambiarme de ropa | переодеться<br>[pereɔdéʦa] |

| | |
|---|---|
| volver al hotel | вернуться в гостиницу<br>[vernúʦa v gɔstínitsu] |
| comprar … | купить …<br>[kupítʲ …] |
| ir a … | съездить в …<br>[sjézditʲ f …] |
| visitar … | посетить …<br>[pɔsetítʲ …] |
| quedar con … | встретиться с …<br>[fstrétitsa s …] |
| hacer una llamada | позвонить<br>[pɔzvɔnítʲ] |

| | |
|---|---|
| Estoy cansado /cansada/. | Я устал /устала/.<br>[já ustál /ustála/.] |
| Estamos cansados /cansadas/. | Мы устали.<br>[mī ustáli.] |
| Tengo frío. | Мне холодно.<br>[mné hólɔdnɔ.] |
| Tengo calor. | Мне жарко.<br>[mné ʒárkɔ.] |
| Estoy bien. | Мне нормально.<br>[mné nɔrmálʲnɔ.] |

Tengo que hacer una llamada.

**Мне надо позвонить.**
[mné nádɔ pɔzvɔnítʲ.]

Necesito ir al servicio.

**Мне надо в туалет.**
[mné nádɔ f tualét.]

Me tengo que ir.

**Мне пора.**
[mné pɔrá.]

Me tengo que ir ahora.

**Мне надо идти.**
[mné nádɔ itʲtí.]

## Preguntar por direcciones

| | |
|---|---|
| Perdone, … | **Извините, …**<br>[izviníte, …] |
| ¿Dónde está …? | **Где находится …?**<br>[gdé nahóditsa …?] |
| ¿Por dónde está …? | **В каком направлении находится …?**<br>[f kakóm napravlénii nahóditsa …?] |
| ¿Puede ayudarme, por favor? | **Помогите мне, пожалуйста.**<br>[pɔmɔgíte mné, pɔʒálǝsta.] |
| Busco … | **Я ищу …**<br>[já iʃú …] |
| Busco la salida. | **Я ищу выход.**<br>[já iʃú vīhɔt.] |
| Voy a … | **Я еду в …**<br>[já édu f …] |
| ¿Voy bien por aquí para …? | **Я правильно иду …?**<br>[já právilʲnɔ idú …?] |
| ¿Está lejos? | **Это далеко?**<br>[ǽtɔ dalekó?] |
| ¿Puedo llegar a pie? | **Я дойду туда пешком?**<br>[já dɔjdú tudá peʃkóm] |
| ¿Puede mostrarme en el mapa? | **Покажите мне на карте, пожалуйста.**<br>[pɔkaʒīte mne na kárte, pɔʒálǝsta.] |
| Por favor muestreme dónde estamos. | **Покажите, где мы сейчас.**<br>[pɔkaʒīte, gdé mi sejʧás.] |
| Aquí | **Здесь**<br>[zdésʲ] |
| Allí | **Там**<br>[tám] |
| Por aquí | **Сюда**<br>[sʲudá] |
| Gire a la derecha. | **Поверните направо.**<br>[pɔverníte naprávɔ.] |
| Gire a la izquierda. | **Поверните налево.**<br>[pɔverníte nalévɔ.] |
| la primera (segunda, tercera) calle | **первый (второй, третий) поворот**<br>[pérvij (vtɔrój, trétij) pɔvɔrót] |
| a la derecha | **направо**<br>[naprávɔ] |

a la izquierda

**налево**
[nalévɔ]

Siga recto.

**Идите прямо.**
[idíte prʲámɔ.]

## Carteles

| | |
|---|---|
| ¡BIENVENIDO! | **ДОБРО ПОЖАЛОВАТЬ!**<br>[dɔbró pɔʒálɔvatʲ!] |
| ENTRADA | **ВХОД**<br>[fħód] |
| SALIDA | **ВЫХОД**<br>[vīħɔd] |

| | |
|---|---|
| EMPUJAR | **ОТ СЕБЯ**<br>[ɔt sebʲá] |
| TIRAR | **НА СЕБЯ**<br>[na sebʲá] |
| ABIERTO | **ОТКРЫТО**<br>[ɔtkrītɔ] |
| CERRADO | **ЗАКРЫТО**<br>[zakrītɔ] |

| | |
|---|---|
| PARA SEÑORAS | **ДЛЯ ЖЕНЩИН**<br>[dlʲa ʒǽnʃin] |
| PARA CABALLEROS | **ДЛЯ МУЖЧИН**<br>[dlʲa muʃín] |
| CABALLEROS | **МУЖСКОЙ ТУАЛЕТ**<br>[muʃskój tualét] |
| SEÑORAS | **ЖЕНСКИЙ ТУАЛЕТ**<br>[ʒǽnskij tualét] |

| | |
|---|---|
| REBAJAS | **СКИДКИ**<br>[skítki] |
| VENTA | **РАСПРОДАЖА**<br>[rasprɔdáʒa] |
| GRATIS | **БЕСПЛАТНО**<br>[besplátnɔ] |
| ¡NUEVO! | **НОВИНКА!**<br>[nɔvínka!] |
| ATENCIÓN | **ВНИМАНИЕ!**<br>[vnimánie!] |

| | |
|---|---|
| COMPLETO | **МЕСТ НЕТ**<br>[mést nét] |
| RESERVADO | **ЗАРЕЗЕРВИРОВАНО**<br>[zarezervírɔvanɔ] |
| ADMINISTRACIÓN | **АДМИНИСТРАЦИЯ**<br>[administrátsija] |
| SÓLO PERSONAL AUTORIZADO | **ТОЛЬКО ДЛЯ ПЕРСОНАЛА**<br>[tólʲkɔ dlʲa persɔnála] |

| | |
|---|---|
| CUIDADO CON EL PERRO | **ЗЛАЯ СОБАКА**<br>[zlája sobáka] |
| NO FUMAR | **НЕ КУРИТЬ!**<br>[ne kurít'!] |
| NO TOCAR | **РУКАМИ НЕ ТРОГАТЬ!**<br>[rukámi ne trógat'!] |
| PELIGROSO | **ОПАСНО**<br>[opásno] |
| PELIGRO | **ОПАСНОСТЬ**<br>[opásnost'] |
| ALTA TENSIÓN | **ВЫСОКОЕ НАПРЯЖЕНИЕ**<br>[visókoe naprɪʒǽnie] |
| PROHIBIDO BAÑARSE | **КУПАТЬСЯ ЗАПРЕЩЕНО**<br>[kupátsa zapreʃenó] |
| FUERA DE SERVICIO | **НЕ РАБОТАЕТ**<br>[ne rabótaet] |
| INFLAMABLE | **ОГНЕОПАСНО**<br>[ogneopásno] |
| PROHIBIDO | **ЗАПРЕЩЕНО**<br>[zapreʃenó] |
| PROHIBIDO EL PASO | **ПРОХОД ЗАПРЕЩЁН**<br>[prohót zapreʃǿn] |
| RECIÉN PINTADO | **ОКРАШЕНО**<br>[okráʃeno] |
| CERRADO POR RENOVACIÓN | **ЗАКРЫТО НА РЕМОНТ**<br>[zakrĭto na remónt] |
| EN OBRAS | **РЕМОНТНЫЕ РАБОТЫ**<br>[remóntnie rabóti] |
| DESVÍO | **ОБЪЕЗД**<br>[objézd] |

## Transporte. Frases generales

| | |
|---|---|
| el avión | **самолёт**<br>[camɔlǿt] |
| el tren | **поезд**<br>[póezd] |
| el bus | **автобус**<br>[aftóbus] |
| el ferry | **паром**<br>[paróm] |
| el taxi | **такси**<br>[taksí] |
| el coche | **машина**<br>[maʃína] |

| | |
|---|---|
| el horario | **расписание**<br>[raspisánie] |
| ¿Dónde puedo ver el horario? | **Где можно посмотреть расписание?**<br>[gdé móʒnɔ pɔsmɔtrét<sup>i</sup> raspisánie?] |
| días laborables | **рабочие дни**<br>[rabótʃie dní] |
| fines de semana | **выходные дни**<br>[vihɔdnïe dní] |
| días festivos | **праздничные дни**<br>[práznitʃnie dní] |

| | |
|---|---|
| SALIDA | **ОТПРАВЛЕНИЕ**<br>[ɔtpravlénie] |
| LLEGADA | **ПРИБЫТИЕ**<br>[pribïtie] |
| RETRASADO | **ЗАДЕРЖИВАЕТСЯ**<br>[zadérʒivaetsa] |
| CANCELADO | **ОТМЕНЁН**<br>[ɔtmenǿn] |

| | |
|---|---|
| siguiente (tren, etc.) | **следующий**<br>[sléduʃij] |
| primero | **первый**<br>[pérvij] |
| último | **последний**<br>[pɔslédnij] |

| | |
|---|---|
| ¿Cuándo pasa el siguiente ...? | **Когда будет следующий ...?**<br>[kɔgdá búdet sléduʃij ...?] |
| ¿Cuándo pasa el primer ...? | **Когда отходит первый ...?**<br>[kɔgdá ɔtxódit pérvij ...?] |

¿Cuándo pasa el último …?

**Когда уходит последний …?**
[kɔgdá uhódit pɔslédnij …?]

el trasbordo (cambio de trenes, etc.)

**пересадка**
[peresátka]

hacer un trasbordo

**сделать пересадку**
[zdélatʲ peresátku]

¿Tengo que hacer un trasbordo?

**Мне нужно делать пересадку?**
[mné núʒnɔ délatʲ peresátku?]

## Comprar billetes

| | |
|---|---|
| ¿Dónde puedo comprar un billete? | **Где можно купить билеты?**<br>[gdé mózna kupít' biléti?] |
| el billete | **билет**<br>[bilét] |
| comprar un billete | **купить билет**<br>[kupít' bilét] |
| precio del billete | **стоимость билета**<br>[stóimost' biléta] |

| | |
|---|---|
| ¿Para dónde? | **Куда?**<br>[kudá?] |
| ¿A qué estación? | **До какой станции?**<br>[do kakój stántsii?] |
| Necesito ... | **Мне нужно ...**<br>[mné núʒna ...] |
| un billete | **один билет**<br>[odín bilét] |
| dos billetes | **два билета**<br>[dvá biléta] |
| tres billetes | **три билета**<br>[trí biléta] |

| | |
|---|---|
| sólo ida | **в один конец**<br>[v odín konéts] |
| ida y vuelta | **туда и обратно**<br>[tudá i obrátno] |
| en primera (primera clase) | **первый класс**<br>[pérvij klás] |
| en segunda (segunda clase) | **второй класс**<br>[ftorój klás] |

| | |
|---|---|
| hoy | **сегодня**<br>[sevódn'a] |
| mañana | **завтра**<br>[záftra] |
| pasado mañana | **послезавтра**<br>[poslezáftra] |
| por la mañana | **утром**<br>[útrom] |
| por la tarde | **днём**<br>[dnøm] |
| por la noche | **вечером**<br>[vétʃerom] |

asiento de pasillo

**место у прохода**
[mésto u prohóda]

asiento de ventanilla

**место у окна**
[mésto u okná]

¿Cuánto cuesta?

**Сколько?**
[skólʲko?]

¿Puedo pagar con tarjeta?

**Могу я заплатить карточкой?**
[mɔgú já zaplatítʲ kártɔtʃkɔj?]

## Autobús

| | |
|---|---|
| el autobús | **автобус**<br>[aftóbus] |
| el autobús interurbano | **междугородний автобус**<br>[meʒdugɔródnij aftóbus] |
| la parada de autobús | **автобусная остановка**<br>[aftóbusnaja ɔstanófka] |
| ¿Dónde está la parada<br>de autobuses más cercana? | **Где ближайшая автобусная<br>остановка?**<br>[gdé bliʒájʃaja aftóbusnaja<br>ɔstanófka?] |

| | |
|---|---|
| número | **номер**<br>[nómer] |
| ¿Qué autobús tengo que tomar para ...? | **Какой автобус идёт до ...?**<br>[kakój aftóbus idǿt dɔ ...?] |
| ¿Este autobús va a ...? | **Этот автобус идёт до ...?**<br>[ǽtɔt aftóbus idǿt dɔ ...?] |
| ¿Cada cuanto pasa el autobús? | **Как часто ходят автобусы?**<br>[kák tʃástɔ hódʲat aftóbusi?] |

| | |
|---|---|
| cada 15 minutos | **каждые 15 минут**<br>[káʒdie pitnátsatʲ minút] |
| cada media hora | **каждые полчаса**<br>[káʒdie pɔltʃasá] |
| cada hora | **каждый час**<br>[káʒdij tʃás] |
| varias veces al día | **несколько раз в день**<br>[néskɔlʲkɔ rás v dénʲ] |
| ... veces al día | **... раз в день**<br>[... ras v dénʲ] |

| | |
|---|---|
| el horario | **расписание**<br>[raspisánie] |
| ¿Dónde puedo ver el horario? | **Где можно посмотреть расписание?**<br>[gdé móʒnɔ pɔsmotrétʲ raspisánie?] |
| ¿Cuándo pasa el siguiente autobús? | **Когда будет следующий автобус?**<br>[kɔgdá búdet sléduʃij aftóbus?] |
| ¿Cuándo pasa el primer autobús? | **Когда отходит первый автобус?**<br>[kɔgdá ɔtxódit pérvij aftóbus?] |
| ¿Cuándo pasa el último autobús? | **Когда уходит последний автобус?**<br>[kɔgdá uhódit pɔslédnij aftóbus?] |
| la parada | **остановка**<br>[ɔstanófka] |

la siguiente parada

la última parada

Pare aquí, por favor.

Perdone, esta es mi parada.

**следующая остановка**
[sléduʃaja ɔstanófka]

**конечная остановка**
[kɔnétʃnaja ɔstanófka]

**Остановите здесь, пожалуйста.**
[ɔstanɔvíte zdésʲ, pɔʒálɵsta.]

**Разрешите, это моя остановка.**
[razreʃīte, ǽtɔ mɔjá ɔstanófka.]

## Tren

| | |
|---|---|
| el tren | **поезд**<br>[póezd] |
| el tren de cercanías | **пригородный поезд**<br>[prígorodnij póezd] |
| el tren de larga distancia | **поезд дальнего следования**<br>[póezd dálʲnevɔ slédɔvanija] |
| la estación de tren | **вокзал**<br>[vɔkzál] |
| Perdone, ¿dónde está<br>la salida al anden? | **Извините, где выход к поездам?**<br>[izviníte, gdé vīhɔt k pɔezdám?] |

| | |
|---|---|
| ¿Este tren va a …? | **Этот поезд идёт до …?**<br>[ǽtɔt póezd idǿt dɔ …?] |
| el siguiente tren | **следующий поезд**<br>[sléduʃij póezd] |
| ¿Cuándo pasa el siguiente tren? | **Когда будет следующий поезд?**<br>[kɔgdá búdet sléduʃij póezd?] |
| ¿Dónde puedo ver el horario? | **Где можно посмотреть расписание?**<br>[gdé móʒnɔ pɔsmɔtrétʲ raspisánie?] |
| ¿De qué andén? | **С какой платформы?**<br>[s kakój platfórmi?] |
| ¿Cuándo llega el tren a …? | **Когда поезд прибывает в …?**<br>[kɔgdá póezd pribiváet f …?] |

| | |
|---|---|
| Ayudeme, por favor. | **Помогите мне, пожалуйста.**<br>[pɔmɔgíte mné, pɔʒáləsta.] |
| Busco mi asiento. | **Я ищу своё место.**<br>[já iʃú svɔjó méstɔ.] |
| Buscamos nuestros asientos. | **Мы ищем наши места.**<br>[mī íʃem náʃi mestá.] |
| Mi asiento está ocupado. | **Моё место занято.**<br>[mɔjó méstɔ zánitɔ.] |
| Nuestros asientos están ocupados. | **Наши места заняты.**<br>[náʃi mestá zániti.] |

| | |
|---|---|
| Perdone, pero ese es mi asiento. | **Извините, пожалуйста,<br>но это моё место.**<br>[izviníte, pɔʒáləsta,<br>nó ǽtɔ mɔjó méstɔ.] |
| ¿Está libre? | **Это место свободно?**<br>[ǽtɔ méstɔ svɔbódnɔ?] |
| ¿Puedo sentarme aquí? | **Могу я здесь сесть?**<br>[mɔgú já zdésʲ séstʲ?] |

## En el tren. Diálogo (Sin billete)

Su billete, por favor.
**Ваш билет, пожалуйста.**
[váʃ bilét, pɔʒáləsta.]

No tengo billete.
**У меня нет билета.**
[u menʲá nét biléta.]

He perdido mi billete.
**Я потерял /потеряла/ свой билет.**
[já poterʲál /poterʲála/ svój bilét.]

He olvidado mi billete en casa.
**Я забыл /забыла/ билет дома.**
[já zabɨ̃l /zabɨ̃la/ bilét dóma.]

Le puedo vender un billete.
**Вы можете купить билет у меня.**
[vɨ̃ móʒete kupítʲ bilét u menʲá.]

También deberá pagar una multa.
**Вам ещё придётся заплатить штраф.**
[vam eʃʲǿ pridǿtsʲa zaplatítʲ ʃtráf.]

Vale.
**Хорошо.**
[hɔrɔʃó.]

¿A dónde va usted?
**Куда вы едете?**
[kudá vɨ̃ edete?]

Voy a ...
**Я еду до ...**
[já édu dɔ ...]

¿Cuánto es? No lo entiendo.
**Сколько? Я не понимаю.**
[skólʲkɔ? já ne pɔnimáju.]

Escríbalo, por favor.
**Напишите, пожалуйста.**
[napiʃíte, pɔʒáləsta.]

Vale. ¿Puedo pagar con tarjeta?
**Хорошо. Могу я заплатить карточкой?**
[hɔrɔʃó. mɔgú já zaplatítʲ kártotʃkoj?]

Sí, puede.
**Да, можете.**
[dá, móʒete.]

Aquí está su recibo.
**Вот ваша квитанция.**
[vót váʃa kvitántsija.]

Disculpe por la multa.
**Сожалею о штрафе.**
[sɔʒiléju ɔ ʃtráfe.]

No pasa nada. Fue culpa mía.
**Это ничего. Это моя вина.**
[ǽtɔ nitʃevó. ǽtɔ mɔjá viná.]

Disfrute su viaje.
**Приятной вам поездки.**
[prijátnɔj vam pɔéstki.]

# Taxi

| | |
|---|---|
| taxi | **такси**<br>[taksí] |
| taxista | **таксист**<br>[taksíst] |
| coger un taxi | **поймать такси**<br>[pojmátʲ taksí] |
| parada de taxis | **стоянка такси**<br>[stojánka taksí] |
| ¿Dónde puedo coger un taxi? | **Где я могу взять такси?**<br>[gdé já mɔgú vzʲátʲ taksí?] |
| llamar a un taxi | **вызвать такси**<br>[vízvatʲ taksí] |
| Necesito un taxi. | **Мне нужно такси.**<br>[mné núʒnɔ taksí.] |
| Ahora mismo. | **Прямо сейчас.**<br>[prʲámɔ sejtʃás.] |
| ¿Cuál es su dirección? | **Ваш адрес?**<br>[váʃ ádres?] |
| Mi dirección es … | **Мой адрес …**<br>[mój ádres …] |
| ¿Cuál es el destino? | **Куда вы поедете?**<br>[kudá vɨ pɔédete?] |

| | |
|---|---|
| Perdone, … | **Извините, …**<br>[izviníte, …] |
| ¿Está libre? | **Вы свободны?**<br>[vɨ svobódnɨ?] |
| ¿Cuánto cuesta ir a …? | **Сколько стоит доехать до …?**<br>[skólʲkɔ stóit dɔéhatʲ dɔ …?] |
| ¿Sabe usted dónde está? | **Вы знаете, где это?**<br>[vɨ znáete, gdé ǽtɔ?] |

| | |
|---|---|
| Al aeropuerto, por favor. | **В аэропорт, пожалуйста.**<br>[v aɛrɔpórt, pɔʒáləsta.] |
| Pare aquí, por favor. | **Остановитесь здесь, пожалуйста.**<br>[ɔstanɔvíte zdésʲ, pɔʒáləsta.] |
| No es aquí. | **Это не здесь.**<br>[ǽtɔ ne zdésʲ.] |
| La dirección no es correcta. | **Это неправильный адрес.**<br>[ǽtɔ neprávilʲnij ádres.] |
| Gire a la izquierda. | **Сейчас налево.**<br>[sejtʃás nalévɔ.] |
| Gire a la derecha. | **Сейчас направо.**<br>[sejtʃás naprávɔ.] |

¿Cuánto le debo?

**Сколько я вам должен /должна/?**
[skól'kɔ ja vam dólʒen /dɔlʒná/?]

¿Me da un recibo, por favor?

**Дайте мне чек, пожалуйста.**
[dájte mne ʧék, pɔʒáləsta.]

Quédese con el cambio.

**Сдачи не надо.**
[zdátʃi ne nádɔ.]

---

Espéreme, por favor.

**Подождите меня, пожалуйста.**
[pɔdɔʒdíte men'á, pɔʒáləsta.]

cinco minutos

**5 минут**
[p'át' minút]

diez minutos

**10 минут**
[désit' minút]

quince minutos

**15 минут**
[pitnátsat' minút]

veinte minutos

**20 минут**
[dvátsat' minút]

media hora

**полчаса**
[pɔlʧasá]

# Hotel

| | |
|---|---|
| Hola. | **Здравствуйте.**<br>[zdrástvujte.] |
| Me llamo ... | **Меня зовут ...**<br>[menʲá zɔvút ...] |
| Tengo una reserva. | **Я резервировал /резервировала/ номер.**<br>[já rezervírɔval /rezervírɔvala/ nómer.] |

| | |
|---|---|
| Necesito ... | **Мне нужен ...**<br>[mné núʒen ...] |
| una habitación individual | **одноместный номер**<br>[ɔdnɔmésnij nómer] |
| una habitación doble | **двухместный номер**<br>[dvuh·mésnij nómer] |
| ¿Cuánto cuesta? | **Сколько он стоит?**<br>[skólʲkɔ ɔn stóit?] |
| Es un poco caro. | **Это немного дорого.**<br>[ǽtɔ nemnógɔ dórɔgɔ.] |

| | |
|---|---|
| ¿Tiene alguna más? | **У вас есть ещё что-нибудь?**<br>[u vás jéstʲ eʃǿ ʃtó-nibutʲ?] |
| Me quedo. | **Я возьму его.**<br>[já vɔzʲmú evó.] |
| Pagaré en efectivo. | **Я заплачу наличными.**<br>[já zaplatʃú nalítʃnimi.] |

| | |
|---|---|
| Tengo un problema. | **У меня проблема.**<br>[u menʲá prɔbléma.] |
| Mi ... no funciona. | **Мой ... сломан /Моя ... сломана/**<br>[mój ... slóman /mɔjá ... slómana/] |
| Mi ... está fuera de servicio. | **Мой /Моя/ ... не работает.**<br>[mój /mɔjá/ ... né rabótaet.] |
| televisión | **телевизор**<br>[televízɔr] |
| aire acondicionado | **кондиционер**<br>[kɔnditsiɔnér] |
| grifo | **кран**<br>[krán] |

| | |
|---|---|
| ducha | **душ**<br>[dúʃ] |
| lavabo | **раковина**<br>[rákɔvina] |

| | |
|---|---|
| caja fuerte | сейф<br>[séjf] |
| cerradura | замок<br>[zámɔk] |
| enchufe | розетка<br>[rɔzétka] |
| secador de pelo | фен<br>[fén] |

| | |
|---|---|
| No tengo ... | У меня нет ...<br>[u menʲá nét ...] |
| agua | воды<br>[vódi] |
| luz | света<br>[svéta] |
| electricidad | электричества<br>[ɛlektrítʃestva] |

| | |
|---|---|
| ¿Me puede dar ...? | Можете мне дать ...?<br>[móʒete mne dátʲ ...?] |
| una toalla | полотенце<br>[pɔlɔténtse] |
| una sábana | одеяло<br>[ɔdejálɔ] |
| unas chanclas | тапочки<br>[tápɔtʃki] |
| un albornoz | халат<br>[halát] |
| un champú | шампунь<br>[ʃampúnʲ] |
| jabón | мыло<br>[mĩlɔ] |

| | |
|---|---|
| Quisiera cambiar de habitación. | Я хотел бы /хотела бы/<br>поменять номер.<br>[já hɔtél bɨ /hɔtéla bɨ/<br>pɔmenʲátʲ nómer.] |
| No puedo encontrar mi llave. | Я не могу найти свой ключ.<br>[já ne mɔgú najtí svój klʲútʃ.] |
| Por favor abra mi habitación. | Откройте мой номер, пожалуйста.<br>[ɔtkrójte mój nómer, pɔʒálɘsta.] |

| | |
|---|---|
| ¿Quién es? | Кто там?<br>[któ tám?] |
| ¡Entre! | Войдите!<br>[vɔjdíte!] |
| ¡Un momento! | Одну минуту!<br>[ɔdnú minútu!] |
| Ahora no, por favor. | Пожалуйста, не сейчас.<br>[pɔʒálɘsta, ne sejtʃás.] |
| Venga a mi habitación, por favor. | Зайдите ко мне, пожалуйста.<br>[zajdíte kɔ mné, pɔʒálɘsta.] |

Quisiera hacer un pedido.

**Я хочу сделать заказ еды в номер.**
[já hoʧú zdélatʲ zakás edī v nómer.]

Mi número de habitación es …

**Мой номер комнаты …**
[mój nómer kómnati …]

---

Me voy …

**Я уезжаю …**
[já ueʒʒáju …]

Nos vamos …

**Мы уезжаем …**
[mī ueʒʒáem …]

Ahora mismo

**сейчас**
[sejʧás]

esta tarde

**сегодня после обеда**
[sevódnʲa pósle ɔbéda]

esta noche

**сегодня вечером**
[sevódnʲa véʧerɔm]

mañana

**завтра**
[záftra]

mañana por la mañana

**завтра утром**
[záftra útrɔm]

mañana por la noche

**завтра вечером**
[záftra veʧerɔm]

pasado mañana

**послезавтра**
[pɔslezáftra]

---

Quisiera pagar la cuenta.

**Я хотел бы /хотела бы/ рассчитаться.**
[já hɔtél bi /hɔtéla bi/ rasʃitátsa.]

Todo ha estado estupendo.

**Всё было отлично.**
[fsø bīlɔ ɔtlíʧnɔ.]

¿Dónde puedo coger un taxi?

**Где я могу взять такси?**
[gdé já mɔgú vzʲátʲ taksí?]

¿Puede llamarme un taxi, por favor?

**Вызовите мне такси, пожалуйста.**
[vīzɔvite mne taksí, pɔʒálesta.]

# Restaurante

| | |
|---|---|
| ¿Puedo ver el menú, por favor? | **Могу я посмотреть ваше меню?**<br>[mɔgú já pɔsmɔtrétʲ váʃe menʲú?] |
| Mesa para uno. | **Столик для одного.**<br>[stólik dlʲa ɔdnɔvó.] |
| Somos dos (tres, cuatro). | **Нас двое (трое, четверо).**<br>[nás dvóe (tróe, ʧétverɔ).] |

| | |
|---|---|
| Para fumadores | **Для курящих**<br>[dlʲa kurʲáʃih] |
| Para no fumadores | **Для некурящих**<br>[dlʲa nekurʲáʃih] |
| ¡Por favor! (llamar al camarero) | **Будьте добры!**<br>[bútʲte dɔbrī!] |
| la carta | **меню**<br>[menʲú] |
| la carta de vinos | **карта вин**<br>[kárta vín] |
| La carta, por favor. | **Меню, пожалуйста.**<br>[menʲú, pɔʒálɘsta.] |

| | |
|---|---|
| ¿Está listo para pedir? | **Вы готовы сделать заказ?**<br>[vī gotóvɨ zdélatʲ zakás?] |
| ¿Qué quieren pedir? | **Что вы будете заказывать?**<br>[ʃtó vī búdete zakázivatʲ?] |
| Yo quiero … | **Я буду …**<br>[já búdu …] |

| | |
|---|---|
| Soy vegetariano. | **Я вегетарианец /вегетарианка/.**<br>[já vegetariánets /vegetariánka/.] |
| carne | **мясо**<br>[mʲásɔ] |
| pescado | **рыба**<br>[rība] |
| verduras | **овощи**<br>[óvɔʃi] |
| ¿Tiene platos para vegetarianos? | **У вас есть вегетарианские блюда?**<br>[u vás jéstʲ vegetariánskie blʲúda?] |
| No como cerdo. | **Я не ем свинину.**<br>[já ne ém svinínu.] |
| Él /Ella/ no come carne. | **Он /она/ не ест мясо.**<br>[ón /ɔná/ ne ést mʲásɔ.] |
| Soy alérgico a … | **У меня аллергия на …**<br>[u menʲá alergíja na …] |

¿Me puede traer ..., por favor?

**Принесите мне, пожалуйста ...**
[prinesíte mné, pɔʒáləsta ...]

sal | pimienta | azúcar

**соль | перец | сахар**
[sólʲ | pérets | sáhar]

café | té | postre

**кофе | чай | десерт**
[kófe | ʧáj | desért]

agua | con gas | sin gas

**вода | с газом | без газа**
[vóda | s gázɔm | bez gáza]

una cuchara | un tenedor | un cuchillo

**ложка | вилка | нож**
[lóʃka | vílka | nóʃ]

un plato | una servilleta

**тарелка | салфетка**
[tarélka | salfétka]

¡Buen provecho!

**Приятного аппетита!**
[prijátnɔvɔ apetíta!]

Uno más, por favor.

**Принесите ещё, пожалуйста.**
[prinesíte eʃǿ, pɔʒáləsta.]

Estaba delicioso.

**Было очень вкусно.**
[bílɔ óʧenʲ fkúsnɔ.]

la cuenta | el cambio | la propina

**счёт | сдача | чаевые**
[ʃǿt | zdáʧa | ʧaevíje]

La cuenta, por favor.

**Счёт, пожалуйста.**
[ʃǿt, pɔʒáləsta.]

¿Puedo pagar con tarjeta?

**Могу я заплатить карточкой?**
[mɔgú já zaplatítʲ kártɔʧkɔj?]

Perdone, aquí hay un error.

**Извините, здесь ошибка.**
[izviníte, zdésʲ ɔʃípka.]

# De Compras

| | |
|---|---|
| ¿Puedo ayudarle? | **Могу я вам помочь?**<br>[mɔgú já vam pɔmótʃ?] |
| ¿Tiene …? | **У вас есть …?**<br>[u vás jéstʲ …?] |
| Busco … | **Я ищу …**<br>[já iʃú …] |
| Necesito … | **Мне нужен …**<br>[mné núʒen …] |

| | |
|---|---|
| Sólo estoy mirando. | **Я просто смотрю.**<br>[já prósto smɔtrʲú.] |
| Sólo estamos mirando. | **Мы просто смотрим.**<br>[mī prósto smótrim.] |
| Volveré más tarde. | **Я зайду позже.**<br>[já zajdú póʒʒe.] |
| Volveremos más tarde. | **Мы зайдём позже.**<br>[mī zajdʲóm póʒʒe.] |
| descuentos \| oferta | **скидки \| распродажа**<br>[skítki \| rasprɔdáʒa] |

| | |
|---|---|
| Por favor, enséñeme … | **Покажите мне, пожалуйста …**<br>[pɔkaʒīte mné, pɔʒálǝsta …] |
| ¿Me puede dar …, por favor? | **Дайте мне, пожалуйста …**<br>[dájte mne, pɔʒálǝsta …] |
| ¿Puedo probarmelo? | **Могу я это примерить?**<br>[mɔgú já ǽtɔ primérit?] |
| Perdone, ¿dónde están los probadores? | **Извините, где примерочная?**<br>[izviníte, gdé primérɔtʃnaja?] |
| ¿Qué color le gustaría? | **Какой цвет вы хотите?**<br>[kakój tsvét vī hɔtíte?] |
| la talla \| el largo | **размер \| рост**<br>[razmér \| róst] |
| ¿Cómo le queda? (¿Está bien?) | **Подошло?**<br>[pɔdɔʃló?] |

| | |
|---|---|
| ¿Cuánto cuesta esto? | **Сколько это стоит?**<br>[skólʲkɔ ǽtɔ stóit?] |
| Es muy caro. | **Это слишком дорого.**<br>[ǽtɔ slíʃkɔm dórɔgɔ.] |
| Me lo llevo. | **Я возьму это.**<br>[já vɔzʲmú ǽtɔ.] |
| Perdone, ¿dónde está la caja? | **Извините, где касса?**<br>[izviníte, gdé kássa?] |

¿Pagará en efectivo o con tarjeta?

**Как вы будете платить?**
[kák vĩ búdete platít<sup>j</sup>?]

en efectivo | con tarjeta

**наличными | карточкой**
[nalíʧnimi | kártɔʧkɔj]

---

¿Quiere el recibo?

**Вам нужен чек?**
[vam núʒen ʧék?]

Sí, por favor.

**Да, будьте добры.**
[dá, bút<sup>j</sup>te dɔbrĩ.]

No, gracias.

**Нет, не надо. Спасибо.**
[nét, ne nádɔ. spasíbɔ.]

Gracias. ¡Que tenga un buen día!

**Спасибо. Всего хорошего!**
[spasíbɔ. fsevó hɔróʃevɔ!]

## En la ciudad

| | |
|---|---|
| Perdone, por favor. | **Извините, пожалуйста ...**<br>[izviníte, pɔʒálǝsta ...] |
| Busco ... | **Я ищу ...**<br>[já iʃʲú ...] |
| el metro | **метро**<br>[metró] |
| mi hotel | **свою гостиницу**<br>[svɔjú gɔstínitsu] |

| | |
|---|---|
| el cine | **кинотеатр**<br>[kinɔteátr] |
| una parada de taxis | **стоянку такси**<br>[stɔjánku taksí] |
| un cajero automático | **банкомат**<br>[bankɔmát] |
| una oficina de cambio | **обмен валют**<br>[ɔbmén valʲút] |

| | |
|---|---|
| un cibercafé | **интернет-кафе**<br>[intɛrnǽt-kafǽ] |
| la calle ... | **улицу ...**<br>[úlitsu ...] |
| este lugar | **вот это место**<br>[vót ǽtɔ méstɔ] |

| | |
|---|---|
| ¿Sabe usted dónde está ...? | **Вы не знаете, где находится ...?**<br>[vī ne znáete, gdé nahóditsa ...?] |
| ¿Cómo se llama esta calle? | **Как называется эта улица?**<br>[kák nazyváetsa ǽta úlitsa?] |
| Muestreme dónde estamos ahora. | **Покажите, где мы сейчас.**<br>[pɔkaʒīte, gdé mi sejtʃás.] |
| ¿Puedo llegar a pie? | **Я дойду туда пешком?**<br>[já dɔjdú tudá peʃkóm] |
| ¿Tiene un mapa de la ciudad? | **У вас есть карта города?**<br>[u vás jéstʲ kárta górɔda?] |

| | |
|---|---|
| ¿Cuánto cuesta la entrada? | **Сколько стоит билет?**<br>[skólʲkɔ stóit bilét?] |
| ¿Se pueden hacer fotos aquí? | **Здесь можно фотографировать?**<br>[zdésʲ móʒnɔ fɔtɔgrafírɔvatʲ?] |
| ¿Está abierto? | **Вы открыты?**<br>[vī ɔtkrĩtʲ?] |

¿A qué hora abren?

**Во сколько вы открываетесь?**
[vɔ skólʲkɔ vī ɔtkriváetesʲ?]

¿A qué hora cierran?

**До которого часа вы работаете?**
[dɔ kɔtórɔvɔ ʧása vī rabótaete?]

# Dinero

| | |
|---|---|
| dinero | деньги<br>[dénʲgi] |
| efectivo | наличные деньги<br>[nalíʧnie dénʲgi] |
| billetes | бумажные деньги<br>[bumáʒnie dénʲgi] |
| monedas | мелочь<br>[méloʧʲ] |
| la cuenta \| el cambio \| la propina | счёт \| сдача \| чаевые<br>[ʃøt \| zdáʧa \| ʧaevíje] |

| | |
|---|---|
| la tarjeta de crédito | кредитная карточка<br>[kredítnaja kártoʧka] |
| la cartera | бумажник<br>[bumáʒnik] |
| comprar | покупать<br>[pɔkupátʲ] |
| pagar | платить<br>[platítʲ] |
| la multa | штраф<br>[ʃtráf] |
| gratis | бесплатно<br>[besplátnɔ] |

| | |
|---|---|
| ¿Dónde puedo comprar …? | Где я могу купить …?<br>[gdé já mɔgú kupítʲ …?] |
| ¿Está el banco abierto ahora? | Банк сейчас открыт?<br>[bánk sejʧás ɔtkrĩt?] |
| ¿A qué hora abre? | Во сколько он открывается?<br>[vɔ skólʲkɔ ón ɔtkriváetsa?] |
| ¿A qué hora cierra? | До которого часа он работает?<br>[dɔ kɔtórɔvɔ ʧása ón rabótaet?] |

| | |
|---|---|
| ¿Cuánto cuesta? | Сколько?<br>[skólʲkɔ?] |
| ¿Cuánto cuesta esto? | Сколько это стоит?<br>[skólʲkɔ ǽtɔ stóit?] |
| Es muy caro. | Это слишком дорого.<br>[ǽtɔ slíʃkom dórɔgo.] |

| | |
|---|---|
| Perdone, ¿dónde está la caja? | Извините, где касса?<br>[izviníte, gdé kássa?] |
| La cuenta, por favor. | Счёт, пожалуйста.<br>[ʃøt, pɔʒálǝsta.] |

¿Puedo pagar con tarjeta?

**Могу я заплатить карточкой?**
[mɔgú já zaplatítʲ kártɔʧkɔj?]

¿Hay un cajero por aquí?

**Здесь есть банкомат?**
[zdésʲ éstʲ bankɔmát?]

Busco un cajero automático.

**Мне нужен банкомат.**
[mne núʒen bankɔmát.]

Busco una oficina de cambio.

**Я ищу обмен валют.**
[já iʃú ɔbmén valʲút.]

Quisiera cambiar ...

**Я бы хотел /хотела/ поменять ...**
[já bi hɔtél /hɔtéla/ pɔmenʲátʲ ...]

¿Cuál es el tipo de cambio?

**Какой курс обмена?**
[kakój kúrs ɔbména?]

¿Necesita mi pasaporte?

**Вам нужен мой паспорт?**
[vam núʒen mój páspɔrt?]

## Tiempo

| | |
|---|---|
| ¿Qué hora es? | **Который час?**<br>[kɔtórij tʃás?] |
| ¿Cuándo? | **Когда?**<br>[kɔgdá?] |
| ¿A qué hora? | **Во сколько?**<br>[vɔ skólʲkɔ?] |
| ahora \| luego \| después de ... | **сейчас \| позже \| после ...**<br>[sejtʃás \| póʒʒe \| pósle ...] |

| | |
|---|---|
| la una | **Час дня**<br>[tʃás dnʲá] |
| la una y cuarto | **Час пятнадцать**<br>[tʃás pitnátsatʲ] |
| la una y medio | **Час тридцать**<br>[tʃás trítsatʲ] |
| las dos menos cuarto | **Без пятнадцати два**<br>[bes pitnátsati dvá] |

| | |
|---|---|
| una \| dos \| tres | **один \| два \| три**<br>[ɔdín \| dvá \| trí] |
| cuatro \| cinco \| seis | **четыре \| пять \| шесть**<br>[tʃetíre \| pʲátʲ \| ʃæstʲ] |
| siete \| ocho \| nueve | **семь \| восемь \| девять**<br>[sémʲ \| vósemʲ \| dévɪtʲ] |
| diez \| once \| doce | **десять \| одиннадцать \| двенадцать**<br>[désitʲ \| ɔdínatsatʲ \| dvenátsatʲ] |

| | |
|---|---|
| en ... | **через ...**<br>[tʃéres ...] |
| cinco minutos | **5 минут**<br>[pʲátʲ minút] |
| diez minutos | **10 минут**<br>[désitʲ minút] |
| quince minutos | **15 минут**<br>[pitnátsatʲ minút] |
| veinte minutos | **20 минут**<br>[dvátsatʲ minút] |

| | |
|---|---|
| media hora | **полчаса**<br>[pɔltʃasá] |
| una hora | **один час**<br>[ɔdín tʃás] |
| por la mañana | **утром**<br>[útrɔm] |

| | |
|---|---|
| por la mañana temprano | **рано утром**<br>[ránɔ útrɔm] |
| esta mañana | **сегодня утром**<br>[sevódnʲa útrɔm] |
| mañana por la mañana | **завтра утром**<br>[záftra útrɔm] |

| | |
|---|---|
| al mediodía | **в обед**<br>[v ɔbéd] |
| por la tarde | **после обеда**<br>[pósle ɔbéda] |
| por la noche | **вечером**<br>[vétʃerɔm] |
| esta noche | **сегодня вечером**<br>[sevódnʲa vétʃerɔm] |

| | |
|---|---|
| por la noche | **ночью**<br>[nótʃju] |
| ayer | **вчера**<br>[ftʃerá] |
| hoy | **сегодня**<br>[sevódnʲa] |
| mañana | **завтра**<br>[záftra] |
| pasado mañana | **послезавтра**<br>[pɔslezáftra] |

| | |
|---|---|
| ¿Qué día es hoy? | **Какой сегодня день?**<br>[kakój sevódnʲa dénʲ?] |
| Es … | **Сегодня …**<br>[sevódnʲa …] |
| lunes | **понедельник**<br>[pɔnedélʲnik] |
| martes | **вторник**<br>[ftórnik] |
| miércoles | **среда**<br>[sredá] |

| | |
|---|---|
| jueves | **четверг**<br>[tʃetvérg] |
| viernes | **пятница**<br>[pʲátnitsa] |
| sábado | **суббота**<br>[subóta] |
| domingo | **воскресенье**<br>[vɔskresénje] |

## Saludos. Presentaciones.

Hola.

**Здравствуйте.**
[zdrástvujte.]

Encantado /Encantada/ de conocerle.

**Рад /рада/ с вами познакомиться.**
[rát /ráda/ s vámi pɔznakómiʦa.]

Yo también.

**Я тоже.**
[já tóʒe.]

Le presento a ...

**Знакомьтесь. Это ...**
[znakómⁱtesⁱ. ǽtɔ ...]

Encantado.

**Очень приятно.**
[óʧenⁱ prijátnɔ.]

¿Cómo está?

**Как вы? | Как у вас дела?**
[kák vỹ? | kák u vás delá?]

Me llamo ...

**Меня зовут ...**
[menⁱá zɔvút ...]

Se llama ...

**Его зовут ...**
[evó zɔvút ...]

Se llama ...

**Её зовут ...**
[ejó zɔvút ...]

¿Cómo se llama (usted)?

**Как вас зовут?**
[kák vás zɔvút?]

¿Cómo se llama (él)?

**Как его зовут?**
[kák evó zɔvút?]

¿Cómo se llama (ella)?

**Как ее зовут?**
[kák ejó zɔvút?]

¿Cuál es su apellido?

**Как ваша фамилия?**
[kák váʃa famílija?]

Puede llamarme ...

**Зовите меня ...**
[zɔvíte menⁱá ...]

¿De dónde es usted?

**Откуда вы?**
[ɔtkúda vỹ?]

Yo soy de ....

**Я из ...**
[já ís ...]

¿A qué se dedica?

**Кем вы работаете?**
[kém vỹ rabótaete?]

¿Quién es?

**Кто это?**
[któ ǽtɔ?]

¿Quién es él?

**Кто он?**
[któ ón?]

¿Quién es ella?

**Кто она?**
[któ ɔná?]

¿Quiénes son?

**Кто они?**
[któ ɔní?]

| | |
|---|---|
| Este es … | **Это …**<br>[ǽtɔ …] |
| mi amigo | **мой друг**<br>[mój drúg] |
| mi amiga | **моя подруга**<br>[mɔjá pɔdrúga] |
| mi marido | **мой муж**<br>[mój múʃ] |
| mi mujer | **моя жена**<br>[mɔjá ʒená] |

| | |
|---|---|
| mi padre | **мой отец**<br>[mój ɔtéts] |
| mi madre | **моя мама**<br>[mɔjá máma] |
| mi hermano | **мой брат**<br>[mój brát] |
| mi hermana | **моя сестра**<br>[mɔjá sestrá] |
| mi hijo | **мой сын**<br>[mój sĭn] |
| mi hija | **моя дочь**<br>[mɔjá dótʃ] |

| | |
|---|---|
| Este es nuestro hijo. | **Это наш сын.**<br>[ǽtɔ náʃ sĭn.] |
| Esta es nuestra hija. | **Это наша дочь.**<br>[ǽtɔ náʃa dótʃ.] |
| Estos son mis hijos. | **Это мои дети.**<br>[ǽtɔ mɔí déti.] |
| Estos son nuestros hijos. | **Это наши дети.**<br>[ǽtɔ náʃi déti.] |

## Despedidas

| | |
|---|---|
| ¡Adiós! | До свидания!<br>[dɔ svidánija!] |
| ¡Chau! | Пока!<br>[pɔká!] |
| Hasta mañana. | До завтра.<br>[dɔ záftra.] |
| Hasta pronto. | До встречи.<br>[dɔ fstrétɕi.] |
| Te veo a las siete. | Встретимся в семь.<br>[fstrétimsʲa f sémʲ.] |

| | |
|---|---|
| ¡Que se diviertan! | Развлекайтесь!<br>[razvlekájtesʲ!] |
| Hablamos más tarde. | Поговорим попозже.<br>[pɔgɔvɔrím pɔpóʒʒe.] |
| Que tengas un buen fin de semana. | Удачных выходных.<br>[udátɕnih vihɔdnīh.] |
| Buenas noches. | Спокойной ночи.<br>[spɔkójnɔj nótɕi.] |

| | |
|---|---|
| Es hora de irme. | Мне пора.<br>[mné pɔrá.] |
| Tengo que irme. | Мне надо идти.<br>[mné nádɔ itʲtí.] |
| Ahora vuelvo. | Я сейчас вернусь.<br>[já sejtɕás vernúsʲ.] |

| | |
|---|---|
| Es tarde. | Уже поздно.<br>[uʒǽ póznɔ.] |
| Tengo que levantarme temprano. | Мне рано вставать.<br>[mné ránɔ fstavátʲ.] |
| Me voy mañana. | Я завтра уезжаю.<br>[já záftra ueʒʒáju.] |
| Nos vamos mañana. | Мы завтра уезжаем.<br>[mī záftra ueʒʒáem.] |

| | |
|---|---|
| ¡Que tenga un buen viaje! | Счастливой поездки!<br>[ʃislívɔj pɔéstki!] |
| Ha sido un placer. | Было приятно с вами<br>познакомиться.<br>[bīlɔ prijátnɔ s vámi<br>poznakómitsa.] |
| Fue un placer hablar con usted. | Было приятно с вами пообщаться.<br>[bīlɔ prijátnɔ s vámi pɔopʃátsa.] |

Gracias por todo.

**Спасибо за всё.**
[spasíbɔ za fsǿ.]

Lo he pasado muy bien.

**Я прекрасно провёл /провела/ время.**
[já prekrásnɔ prɔvǿl /prɔvelá/ vrém'a.]

Lo pasamos muy bien.

**Мы прекрасно провели время.**
[mī prekrásnɔ prɔvelí vrém'a.]

Fue genial.

**Всё было замечательно.**
[fsǿ bīlɔ zamet͡ʃátel'nɔ.]

Le voy a echar de menos.

**Я буду скучать.**
[já búdu skut͡ʃát'.]

Le vamos a echar de menos.

**Мы будем скучать.**
[mī búdem skut͡ʃát'.]

¡Suerte!

**Удачи! Счастливо!**
[udát͡ʃi!, ʃáslivɔ!]

Saludos a …

**Передавайте привет …**
[peredavájte privét …]

## Idioma extranjero

| | |
|---|---|
| No entiendo. | **Я не понимаю.**<br>[já ne pɔnimáju.] |
| Escríbalo, por favor. | **Напишите это, пожалуйста.**<br>[napiʃĭte ǽtɔ, pɔʒáləsta.] |
| ¿Habla usted ...? | **Вы знаете ...?**<br>[vĭ znáete ...?] |

| | |
|---|---|
| Hablo un poco de ... | **Я немного знаю ...**<br>[já nemnógɔ znáju ...] |
| inglés | **английский**<br>[anglíjskij] |
| turco | **турецкий**<br>[turétskij] |
| árabe | **арабский**<br>[arápskij] |
| francés | **французский**<br>[frantsúskij] |

| | |
|---|---|
| alemán | **немецкий**<br>[nemétskij] |
| italiano | **итальянский**<br>[italjánskij] |
| español | **испанский**<br>[ispánskij] |
| portugués | **португальский**<br>[pɔrtugálʲskij] |
| chino | **китайский**<br>[kitájskij] |
| japonés | **японский**<br>[jɪpónskij] |

| | |
|---|---|
| ¿Puede repetirlo, por favor? | **Повторите, пожалуйста.**<br>[pɔftɔríte, pɔʒáləsta.] |
| Lo entiendo. | **Я понимаю.**<br>[já pɔnimáju.] |
| No entiendo. | **Я не понимаю.**<br>[já ne pɔnimáju.] |
| Hable más despacio, por favor. | **Говорите медленнее, пожалуйста.**<br>[gɔvɔríte médlenee, pɔʒáləsta.] |

| | |
|---|---|
| ¿Está bien? | **Это правильно?**<br>[ǽtɔ právilʲnɔ?] |
| ¿Qué es esto? (¿Que significa esto?) | **Что это?**<br>[ʃtó ǽtɔ?] |

## Disculpas

| | |
|---|---|
| Perdone, por favor. | **Извините, пожалуйста.**<br>[izviníte, pɔʒáləsta.] |
| Lo siento. | **Я сожалею.**<br>[já sɔʒiléju.] |
| Lo siento mucho. | **Мне очень жаль.**<br>[mné óʧenʲ ʒálʲ.] |
| Perdón, fue culpa mía. | **Виноват /Виновата/, это моя вина.**<br>[vinɔvát /vinɔváta/, ǽtɔ mɔjá viná.] |
| Culpa mía. | **Моя ошибка.**<br>[mɔjá ɔʃípka.] |

| | |
|---|---|
| ¿Puedo ...? | **Могу я ...?**<br>[mɔgú já ...?] |
| ¿Le molesta si ...? | **Вы не будете возражать, если я ...?**<br>[vī ne búdete vɔzraʒátʲ, esli já ...?] |
| ¡No hay problema! (No pasa nada.) | **Ничего страшного.**<br>[niʧevó stráʃnɔvɔ.] |
| Todo está bien. | **Всё в порядке.**<br>[fsǿ f pɔrʲátke.] |
| No se preocupe. | **Не беспокойтесь.**<br>[ne bespɔkójtesʲ.] |

## Acuerdos

| | |
|---|---|
| Sí. | **Да.**<br>[dá.] |
| Sí, claro. | **Да, конечно.**<br>[dá, konéʃnɔ.] |
| Bien. | **Хорошо!**<br>[horɔʃó!] |
| Muy bien. | **Очень хорошо.**<br>[ɔtʃenʲ horɔʃó.] |
| ¡Claro que sí! | **Конечно!**<br>[konéʃnɔ!] |
| Estoy de acuerdo. | **Я согласен /согласна/.**<br>[já sɔglásen /saglásna/.] |

| | |
|---|---|
| Es verdad. | **Верно.**<br>[vérnɔ.] |
| Es correcto. | **Правильно.**<br>[právilʲnɔ.] |
| Tiene razón. | **Вы правы.**<br>[vī právi.] |
| No me molesta. | **Я не возражаю.**<br>[já ne vɔzraʒáju.] |
| Es completamente cierto. | **Совершенно верно.**<br>[sɔverʃǽnnɔ vérnɔ.] |

| | |
|---|---|
| Es posible. | **Это возможно.**<br>[ǽtɔ vɔzmóʒnɔ.] |
| Es una buena idea. | **Это хорошая мысль.**<br>[ǽtɔ horóʃaja mīslʲ.] |
| No puedo decir que no. | **Не могу отказать.**<br>[ne mɔgú otkazátʲ.] |
| Estaré encantado /encantada/. | **Буду рад /рада/.**<br>[búdu rad /ráda/.] |
| Será un placer. | **С удовольствием.**<br>[s udɔvólʲstviem.] |

## Rechazo. Expresar duda

No.
**Нет.**
[nét.]

Claro que no.
**Конечно нет.**
[kɔnéʃnɔ nét.]

No estoy de acuerdo.
**Я не согласен /не согласна/.**
[já ne sɔglásen /ne sɔglásna/.]

No lo creo.
**Я так не думаю.**
[já ták ne dúmaju.]

No es verdad.
**Это неправда.**
[ǽtɔ neprávda.]

No tiene razón.
**Вы неправы.**
[vī neprávi.]

Creo que no tiene razón.
**Я думаю, что вы неправы.**
[já dúmaju, ʃtó vī neprávi.]

No estoy seguro /segura/.
**Не уверен /не уверена/.**
[ne uvéren /ne uvérena/.]

No es posible.
**Это невозможно.**
[ǽtɔ nevɔzmóʒnɔ.]

¡Nada de eso!
**Ничего подобного!**
[niʧevó pɔdóbnɔvɔ!]

Justo lo contrario.
**Наоборот!**
[naɔbɔrót!]

Estoy en contra de ello.
**Я против.**
[já prótif.]

No me importa. (Me da igual.)
**Мне всё равно.**
[mné fsø ravnó.]

No tengo ni idea.
**Понятия не имею.**
[pɔnʲátija ne iméju.]

Dudo que sea así.
**Сомневаюсь, что это так.**
[sɔmnevájus, ʃtó ǽtɔ ták.]

Lo siento, no puedo.
**Извините, я не могу.**
[izviníte, já ne mɔgú.]

Lo siento, no quiero.
**Извините, я не хочу.**
[izviníte, já ne hoʧú.]

Gracias, pero no lo necesito.
**Спасибо, мне это не нужно.**
[spasíbɔ, mne ǽtɔ ne núʒnɔ.]

Ya es tarde.
**Уже поздно.**
[uʒǽ póznɔ.]

Tengo que levantarme temprano.

**Мне рано вставать.**
[mné ráno fstavátʲ.]

Me encuentro mal.

**Я плохо себя чувствую.**
[já plóho sebʲá tʃústvuju.]

## Expresar gratitud

| | |
|---|---|
| Gracias. | **Спасибо.**<br>[spasíbɔ.] |
| Muchas gracias. | **Спасибо большое.**<br>[spasíbɔ bɔlʲʃóe.] |
| De verdad lo aprecio. | **Очень признателен /признательна/.**<br>[ótʃenʲ priznátelen /priznátelʲna/.] |
| Se lo agradezco. | **Я вам благодарен /благодарна/.**<br>[já vam blagɔdáren /blagɔdárna/.] |
| Se lo agradecemos. | **Мы Вам благодарны.**<br>[mī vam blagɔdárni.] |

| | |
|---|---|
| Gracias por su tiempo. | **Спасибо, что потратили время.**<br>[spasíbɔ, ʃtó pɔtrátili vrémʲa.] |
| Gracias por todo. | **Спасибо за всё.**<br>[spasíbɔ za fsǿ.] |
| Gracias por ... | **Спасибо за ...**<br>[spasíbɔ za ...] |
| su ayuda | **вашу помощь**<br>[váʃu pómɔʃʲ] |
| tan agradable momento | **хорошее время**<br>[hɔróʃee vrémʲa] |

| | |
|---|---|
| una comida estupenda | **прекрасную еду**<br>[prekrásnuju edú] |
| una velada tan agradable | **приятный вечер**<br>[prijátnij vétʃer] |
| un día maravilloso | **замечательный день**<br>[zametʃátelʲnij dénʲ] |
| un viaje increíble | **интересную экскурсию**<br>[interésnuju ɛkskúrsiju] |

| | |
|---|---|
| No hay de qué. | **Не за что.**<br>[né za ʃtɔ.] |
| De nada. | **Не стоит благодарности.**<br>[ne stóit blagɔdárnɔsti.] |
| Siempre a su disposición. | **Всегда пожалуйста.**<br>[fsegdá pɔʒáləsta.] |
| Encantado /Encantada/ de ayudarle. | **Был рад /Была рада/ помочь.**<br>[bɨl rád /bɨlá ráda/ pɔmótʃʲ.] |
| No hay de qué. | **Забудьте. Всё в порядке.**<br>[zabútʲte. fsǿ f pɔrʲátke.] |
| No tiene importancia. | **Не беспокойтесь.**<br>[ne bespɔkójtesʲ.] |

## Felicitaciones , Mejores Deseos

| | |
|---|---|
| ¡Felicidades! | **Поздравляю!** [pɔzdravlʲáju!] |
| ¡Feliz Cumpleaños! | **С днём рождения!** [z dnʲɵm rɔʒdénija!] |
| ¡Feliz Navidad! | **Весёлого рождества!** [vesʲɵlɔvɔ rɔʒdestvá!] |
| ¡Feliz Año Nuevo! | **С Новым годом!** [s nóvɨm gódɔm!] |

| | |
|---|---|
| ¡Felices Pascuas! | **Со Светлой Пасхой!** [sɔ svétlɔj pásxɔj!] |
| ¡Feliz Hanukkah! | **Счастливой Хануки!** [ʃʲislívɔj hánuki!] |

| | |
|---|---|
| Quiero brindar. | **У меня есть тост.** [u menʲá jéstʲ tóst.] |
| ¡Salud! | **За ваше здоровье!** [za váʃe zdɔróvje!] |
| ¡Brindemos por ...! | **Выпьем за ... !** [vɨpjem za ... !] |
| ¡A nuestro éxito! | **За наш успех!** [za náʃ uspéh!] |
| ¡A su éxito! | **За ваш успех!** [za váʃ uspéh!] |

| | |
|---|---|
| ¡Suerte! | **Удачи!** [udátʃi!] |
| ¡Que tenga un buen día! | **Приятного вам дня!** [prijátnɔvɔ vam dnʲá!] |
| ¡Que tenga unas buenas vacaciones! | **Хорошего вам отдыха!** [hɔróʃevɔ vam ótdiha!] |
| ¡Que tenga un buen viaje! | **Удачной поездки!** [udátʃnɔj pɔéstki!] |
| ¡Espero que se recupere pronto! | **Желаю вам скорого выздоровления!** [ʒeláju vam skórɔvɔ vɨzdɔrɔvlénija!] |

## Socializarse

| | |
|---|---|
| ¿Por qué está triste? | **Почему вы расстроены?**<br>[potʃemú vī rastróeni?] |
| ¡Sonría! ¡Animese! | **Улыбнитесь!**<br>[ulibnítesʲl] |
| ¿Está libre esta noche? | **Вы не заняты сегодня вечером?**<br>[vī ne zániti sevódnʲa vétʃerɔm?] |

| | |
|---|---|
| ¿Puedo ofrecerle algo de beber? | **Могу я предложить вам выпить?**<br>[mɔgú já predlɔʒítʲ vam vīpitʲ?] |
| ¿Querría bailar conmigo? | **Не хотите потанцевать?**<br>[ne hɔtíte pɔtantsɛvátʲ?] |
| Vamos a ir al cine. | **Может сходим в кино?**<br>[móʒet sxódim f kinó?] |

| | |
|---|---|
| ¿Puedo invitarle a ...? | **Могу я пригласить вас в ...?**<br>[mɔgú já priglasítʲ vás f ...?] |
| un restaurante | **ресторан**<br>[restɔrán] |
| el cine | **кино**<br>[kinó] |
| el teatro | **театр**<br>[teátr] |
| dar una vuelta | **на прогулку**<br>[na prɔgúlku] |

| | |
|---|---|
| ¿A qué hora? | **Во сколько?**<br>[vɔ skólʲkɔ?] |
| esta noche | **сегодня вечером**<br>[sevódnʲa vétʃerɔm] |
| a las seis | **в 6 часов**<br>[f ʃǽstʲ tʃasóf] |
| a las siete | **в 7 часов**<br>[f sémʲ tʃasóf] |
| a las ocho | **в 8 часов**<br>[v vósemʲ tʃasóf] |
| a las nueve | **в 9 часов**<br>[v dévitʲ tʃasóf] |

| | |
|---|---|
| ¿Le gusta este lugar? | **Вам здесь нравится?**<br>[vam zdésʲ nrávitsa?] |
| ¿Está aquí con alguien? | **Вы здесь с кем-то?**<br>[vī zdésʲ s kém-tɔ?] |
| Estoy con mi amigo /amiga/. | **Я с другом /подругой/.**<br>[já s drúgɔm /pɔdrúgɔj/.] |

| | |
|---|---|
| Estoy con amigos. | **Я с друзьями.**<br>[já s druzjámi.] |
| No, estoy solo /sola/. | **Я один /одна/.**<br>[já ɔdín /ɔdná/.] |

| | |
|---|---|
| ¿Tienes novio? | **У тебя есть приятель?**<br>[u tebʲá jéstʲ prijátelʲ?] |
| Tengo novio. | **У меня есть друг.**<br>[u menʲá jéstʲ drúk.] |
| ¿Tienes novia? | **У тебя есть подружка?**<br>[u tebʲá jéstʲ pɔdrúʃka?] |
| Tengo novia. | **У меня есть девушка.**<br>[u menʲá jéstʲ dévuʃka.] |

| | |
|---|---|
| ¿Te puedo volver a ver? | **Мы ещё встретимся?**<br>[mī eʃǿ fstrétimsʲa?] |
| ¿Te puedo llamar? | **Можно я тебе позвоню?**<br>[móʒnɔ já tebé pozvonʲú?] |
| Llámame. | **Позвони мне.**<br>[pɔzvoní mné.] |
| ¿Cuál es tu número? | **Какой у тебя номер?**<br>[kakój u tebʲá nómer?] |
| Te echo de menos. | **Я скучаю по тебе.**<br>[já skutʃáju pɔ tebé.] |

| | |
|---|---|
| ¡Qué nombre tan bonito! | **У вас очень красивое имя.**<br>[u vás ótʃenʲ krasívɔe ímʲa.] |
| Te quiero. | **Я тебя люблю.**<br>[já tebʲá lʲublʲú.] |
| ¿Te casarías conmigo? | **Выходи за меня.**<br>[vihɔdí za menʲá.] |
| ¡Está de broma! | **Вы шутите!**<br>[vī ʃútite!] |
| Sólo estoy bromeando. | **Я просто шучу.**<br>[já próstɔ ʃutʃú.] |

| | |
|---|---|
| ¿En serio? | **Вы серьёзно?**<br>[vī serjóznɔ?] |
| Lo digo en serio. | **Я серьёзно.**<br>[já serjóznɔ.] |
| ¿De verdad? | **Правда?!**<br>[právda?!] |
| ¡Es increíble! | **Это невероятно!**<br>[ǽtɔ neverɔjátnɔ!] |
| No le creo. | **Я вам не верю.**<br>[já vam ne verʲu.] |
| No puedo. | **Я не могу.**<br>[já ne mɔgú.] |
| No lo sé. | **Я не знаю.**<br>[já ne znáju.] |
| No le entiendo. | **Я вас не понимаю.**<br>[já vás ne pɔnimáju.] |

| | |
|---|---|
| Váyase, por favor. | **Уйдите, пожалуйста.** |
| | [ujdíte, poʒáləsta.] |
| ¡Déjeme en paz! | **Оставьте меня в покое!** |
| | [ɔstáfʲte menʲá f pɔkóe!] |

| | |
|---|---|
| Es inaguantable. | **Я его не выношу.** |
| | [já evó ne vinoʃú.] |
| ¡Es un asqueroso! | **Вы отвратительны!** |
| | [vî ɔtvratítelʲnʲi!] |
| ¡Llamaré a la policía! | **Я вызову полицию!** |
| | [já vîzovu polítsiju!] |

# Compartir impresiones. Emociones

| | |
|---|---|
| Me gusta. | **Мне это нравится.**<br>[mné ǽtɔ nrávitsa.] |
| Muy lindo. | **Очень мило.**<br>[óʧenʲ mílɔ.] |
| ¡Es genial! | **Это здорово!**<br>[ǽtɔ zdórɔvɔ!] |
| No está mal. | **Это неплохо.**<br>[ǽtɔ neplóhɔ.] |
| No me gusta. | **Мне это не нравится.**<br>[mné ǽtɔ ne nrávitsa.] |
| No está bien. | **Это нехорошо.**<br>[ǽtɔ nehɔrɔʃó.] |
| Está mal. | **Это плохо.**<br>[ǽtɔ plóhɔ.] |
| Está muy mal. | **Это очень плохо.**<br>[ǽtɔ óʧenʲ plóhɔ.] |
| ¡Qué asco! | **Это отвратительно.**<br>[ǽtɔ ɔtvratítelʲnɔ.] |
| Estoy feliz. | **Я счастлив /счастлива/.**<br>[já ʃʲáslif /ʃʲásliva/.] |
| Estoy contento /contenta/. | **Я доволен /довольна/.**<br>[já dɔvólen /dɔvólʲna/.] |
| Estoy enamorado /enamorada/. | **Я влюблён /влюблена/.**<br>[já vlʲublʲǿn /vlʲublená/.] |
| Estoy tranquilo. | **Я спокоен /спокойна/.**<br>[já spɔkóen /spɔkójna/.] |
| Estoy aburrido. | **Мне скучно.**<br>[mné skúʃnɔ.] |
| Estoy cansado /cansada/. | **Я устал /устала/.**<br>[já ustál /ustála/.] |
| Estoy triste. | **Мне грустно.**<br>[mné grúsnɔ.] |
| Estoy asustado. | **Я напуган /напугана/.**<br>[já napúgan /napúgana/.] |
| Estoy enfadado /enfadada/. | **Я злюсь.**<br>[já zlʲúsʲ.] |
| Estoy preocupado /preocupada/. | **Я волнуюсь.**<br>[já vɔlnújusʲ.] |
| Estoy nervioso /nerviosa/. | **Я нервничаю.**<br>[já nérvniʧaju.] |

Estoy celoso /celosa/.

**Я завидую.**
[já zavíduju.]

Estoy sorprendido /sorprendida/.

**Я удивлён /удивлена/.**
[já udivlǿn /udivlená/.]

Estoy perplejo /perpleja/.

**Я озадачен /озадачена/.**
[já ɔzadátʃen /ɔzadátʃena/.]

## Problemas, Accidentes

| | |
|---|---|
| Tengo un problema. | **У меня проблема.**<br>[u men¹á prɔbléma.] |
| Tenemos un problema. | **У нас проблема.**<br>[u nás prɔbléma.] |
| Estoy perdido /perdida/. | **Я заблудился /заблудилась/.**<br>[já zabludíls¹a /zabludílas¹/.] |
| Perdi el último autobús (tren). | **Я опоздал на последний автобус (поезд).**<br>[já ɔpɔzdál na pɔslédnij aftóbus (póezd).] |
| No me queda más dinero. | **У меня совсем не осталось денег.**<br>[u men¹á sɔfsém ne ɔstálɔs¹ déneg.] |

| | |
|---|---|
| He perdido ... | **Я потерял /потеряла/ ...**<br>[já poter¹ál /poter¹ála/ ...] |
| Me han robado ... | **У меня украли ...**<br>[u men¹á ukráli ...] |
| mi pasaporte | **паспорт**<br>[páspɔrt] |
| mi cartera | **бумажник**<br>[bumáʒnik] |
| mis papeles | **документы**<br>[dɔkuménti] |
| mi billete | **билет**<br>[bilét] |

| | |
|---|---|
| mi dinero | **деньги**<br>[dén¹gi] |
| mi bolso | **сумку**<br>[súmku] |
| mi cámara | **фотоаппарат**<br>[fɔtɔ·aparát] |
| mi portátil | **ноутбук**<br>[nɔutbúk] |
| mi tableta | **планшет**<br>[planʃǽt] |
| mi teléfono | **телефон**<br>[telefón] |

| | |
|---|---|
| ¡Ayúdeme! | **Помогите!**<br>[pɔmɔgíte!] |
| ¿Qué pasó? | **Что случилось?**<br>[ʃtó slutʃílɔs¹?] |

| el incendio | пожар |
| | [poʒár] |
| un tiroteo | стрельба |
| | [strelʲbá] |
| el asesinato | убийство |
| | [ubíjstvɔ] |
| una explosión | взрыв |
| | [vzrʲíf] |
| una pelea | драка |
| | [dráka] |

| ¡Llame a la policía! | Вызовите полицию! |
| | [vɨ̄zɔvite polítsiju!] |
| ¡Más rápido, por favor! | Пожалуйста, быстрее! |
| | [poʒálǝsta, bistrée!] |
| Busco la comisaría. | Я ищу полицейский участок. |
| | [já iʃú politsæjskij utʃástok.] |
| Tengo que hacer una llamada. | Мне нужно позвонить. |
| | [mné núʒnɔ pozvonítʲ.] |
| ¿Puedo usar su teléfono? | Могу я позвонить? |
| | [mɔgú já pozvonítʲ?] |

| Me han … | Меня … |
| | [menʲá …] |
| asaltado /asaltada/ | ограбили |
| | [ɔgrábili] |
| robado /robada/ | обокрали |
| | [obokráli] |
| violada | изнасиловали |
| | [iznasílovali] |
| atacado /atacada/ | избили |
| | [izbíli] |

| ¿Se encuentra bien? | С вами всё в порядке? |
| | [s vámi fsǿ f porʲátke?] |
| ¿Ha visto quien a sido? | Вы видели, кто это был? |
| | [vɨ̄ vídeli, któ ǽtɔ bɨ̄l?] |
| ¿Sería capaz de reconocer a la persona? | Вы сможете его узнать? |
| | [vɨ̄ smóʒete evó uznátʲ?] |
| ¿Está usted seguro? | Вы точно уверены? |
| | [vɨ̄ tótʃnɔ uvérenɨ?] |

| Por favor, cálmese. | Пожалуйста, успокойтесь. |
| | [poʒálǝsta, uspokójtesʲ.] |
| ¡Cálmese! | Спокойнее! |
| | [spokójnee!] |
| ¡No se preocupe! | Не беспокойтесь. |
| | [ne bespokójtesʲ.] |
| Todo irá bien. | Всё будет хорошо. |
| | [fsǿ búdet horoʃó.] |
| Todo está bien. | Всё в порядке. |
| | [fsǿ f porʲátke.] |

| | |
|---|---|
| Venga aquí, por favor. | **Подойдите, пожалуйста.**<br>[pɔdɔjdíte, pɔʒáləsta.] |
| Tengo unas preguntas para usted. | **У меня к вам несколько вопросов.**<br>[u menʲá k vám néskolʲkɔ vɔprósɔf.] |
| Espere un momento, por favor. | **Подождите, пожалуйста.**<br>[pɔdɔʒdíte, pɔʒáləsta.] |
| ¿Tiene un documento de identidad? | **У вас есть документы?**<br>[u vás jéstʲ dɔkuménti?] |
| Gracias. Puede irse ahora. | **Спасибо. Вы можете идти.**<br>[spasíbɔ. vɨ móʒete itʲtí.] |
| ¡Manos detrás de la cabeza! | **Руки за голову!**<br>[rúki za gólɔvu!] |
| ¡Está arrestado! | **Вы арестованы!**<br>[vɨ arestóvanɨ!] |

## Problemas de salud

| | |
|---|---|
| Ayudeme, por favor. | **Помогите, пожалуйста.**<br>[pɔmɔgíte, pɔʒálǝsta.] |
| No me encuentro bien. | **Мне плохо.**<br>[mné plóhɔ.] |
| Mi marido no se encuentra bien. | **Моему мужу плохо.**<br>[mɔemú múʒu plóhɔ.] |
| Mi hijo … | **Моему сыну …**<br>[mɔemú sīnu …] |
| Mi padre … | **Моему отцу …**<br>[mɔemú ɔtʦú …] |
| Mi mujer no se encuentra bien. | **Моей жене плохо.**<br>[mɔéj ʒené plóhɔ.] |
| Mi hija … | **Моей дочери …**<br>[mɔéj dótʃeri …] |
| Mi madre … | **Моей матери …**<br>[mɔéj máteri …] |
| Me duele … | **У меня болит …**<br>[u menʲá bɔlít …] |
| la cabeza | **голова**<br>[gɔlɔvá] |
| la garganta | **горло**<br>[górlɔ] |
| el estómago | **живот**<br>[ʒivót] |
| un diente | **зуб**<br>[zúb] |
| Estoy mareado. | **У меня кружится голова.**<br>[u menʲá krúʒitsa gɔlɔvá.] |
| Él tiene fiebre. | **У него температура.**<br>[u nevó temperatúra.] |
| Ella tiene fiebre. | **У неё температура.**<br>[u nejó temperatúra.] |
| No puedo respirar. | **Я не могу дышать.**<br>[já ne mɔgú diʃátʲ.] |
| Me ahogo. | **Я задыхаюсь.**<br>[já zadihájusʲ.] |
| Tengo asma. | **Я астматик.**<br>[já astmátik.] |
| Tengo diabetes. | **Я диабетик.**<br>[já diabétik.] |

No puedo dormir.
**У меня бессонница.**
[u men<sup></sup>á bessónitsa.]

intoxicación alimentaria
**пищевое отравление**
[piʃevóe ɔtravlénie]

Me duele aquí.
**Болит вот здесь.**
[bɔlít vót zdés<sup></sup>.]

¡Ayúdeme!
**Помогите!**
[pɔmɔgíte!]

¡Estoy aquí!
**Я здесь!**
[já zdés<sup></sup>!]

¡Estamos aquí!
**Мы здесь!**
[mɨ zdés<sup></sup>!]

¡Saquenme de aquí!
**Вытащите меня!**
[vɨtaʃite men<sup></sup>á!]

Necesito un médico.
**Мне нужен врач.**
[mné núʒen vrátʃ.]

No me puedo mover.
**Я не могу двигаться.**
[já ne mɔgú dvígatsa.]

No puedo mover mis piernas.
**Я не чувствую ног.**
[já ne tʃústvuju nók.]

Tengo una herida.
**Я ранен /ранена/.**
[já ránen /ránena/.]

¿Es grave?
**Это серьёзно?**
[ǽtɔ serjóznɔ?]

Mis documentos están en mi bolsillo.
**Мои документы в кармане.**
[mɔí dɔkuménti f karmáne.]

¡Cálmese!
**Успокойтесь!**
[uspɔkójtes<sup></sup>!]

¿Puedo usar su teléfono?
**Могу я позвонить?**
[mɔgú já pɔzvɔnít<sup></sup>?]

¡Llame a una ambulancia!
**Вызовите скорую!**
[vɨzɔvite skóruju!]

¡Es urgente!
**Это срочно!**
[ǽtɔ srótʃnɔ!]

¡Es una emergencia!
**Это очень срочно!**
[ǽtɔ ótʃen<sup></sup> srótʃnɔ!]

¡Más rápido, por favor!
**Пожалуйста, быстрее!**
[pɔʒálɔsta, bɨstrée!]

¿Puede llamar a un médico, por favor?
**Вызовите врача, пожалуйста.**
[vɨzɔvite vratʃá, pɔʒálɔsta.]

¿Dónde está el hospital?
**Скажите, где больница?**
[skaʒite, gdé bɔl<sup></sup>nítsa?]

¿Cómo se siente?
**Как вы себя чувствуете?**
[kák vɨ seb<sup></sup>á tʃústvuete?]

¿Se encuentra bien?
**С вами всё в порядке?**
[s vámi fsǿ f pɔr<sup></sup>átke?]

¿Qué pasó?
**Что случилось?**
[ʃtó slutʃílɔs<sup></sup>?]

Me encuentro mejor.

**Мне уже лучше.**
[mné uʒǽ lútʃe.]

Está bien.

**Всё в порядке.**
[fsǿ f porʲátke.]

Todo está bien.

**Всё хорошо.**
[fsǿ horoʃó.]

# En la farmacia

| | |
|---|---|
| la farmacia | **Аптека**<br>[aptéka] |
| la farmacia 24 horas | **круглосуточная аптека**<br>[kruglɔsútɔʧnaja aptéka] |
| ¿Dónde está la farmacia más cercana? | **Где ближайшая аптека?**<br>[gdé bliʒájʃaja aptéka?] |

| | |
|---|---|
| ¿Está abierta ahora? | **Она сейчас открыта?**<br>[ɔná sejʧás ɔtkrĩta?] |
| ¿A qué hora abre? | **Во сколько она открывается?**<br>[vɔ skólʲkɔ ɔná ɔtkriváetsa?] |
| ¿A qué hora cierra? | **До которого часа она работает?**<br>[dɔ kɔtórɔvɔ ʧása ɔná rabótaet?] |

| | |
|---|---|
| ¿Está lejos? | **Это далеко?**<br>[ǽtɔ dalekó?] |
| ¿Puedo llegar a pie? | **Я дойду туда пешком?**<br>[já dɔjdú tudá peʃkóm] |
| ¿Puede mostrarme en el mapa? | **Покажите мне на карте, пожалуйста.**<br>[pɔkaʒĩte mne na kárte, pɔʒáləsta.] |

| | |
|---|---|
| Por favor, deme algo para … | **Дайте мне, что-нибудь от …**<br>[dájte mné, ʃtó-nibutʲ ɔt …] |
| un dolor de cabeza | **головной боли**<br>[gɔlɔvnój bóli] |
| la tos | **кашля**<br>[káʃlʲa] |
| el resfriado | **простуды**<br>[prɔstúdi] |
| la gripe | **гриппа**<br>[grípa] |

| | |
|---|---|
| la fiebre | **температуры**<br>[temperatúri] |
| un dolor de estomago | **боли в желудке**<br>[bóli v ʒelútke] |
| nauseas | **тошноты**<br>[tɔʃnɔtĩ] |
| la diarrea | **диареи**<br>[diaréi] |
| el estreñimiento | **запора**<br>[zapóra] |
| un dolor de espalda | **боль в спине**<br>[bólʲ f spiné] |

| | |
|---|---|
| un dolor de pecho | **боль в груди**<br>[ból<sup>j</sup> v grudí] |
| el flato | **боль в боку**<br>[ból<sup>j</sup> v bɔkú] |
| un dolor abdominal | **боль в животе**<br>[ból<sup>j</sup> v ʒivɔté] |

| | |
|---|---|
| la píldora | **таблетка**<br>[tablétka] |
| la crema | **мазь, крем**<br>[más<sup>j</sup>, krém] |
| el jarabe | **сироп**<br>[siróp] |
| el spray | **спрей**<br>[spréj] |
| las gotas | **капли**<br>[kápli] |

| | |
|---|---|
| Tiene que ir al hospital. | **Вам нужно в больницу.**<br>[vam núʒnɔ v bɔl<sup>j</sup>nítsu.] |
| el seguro de salud | **страховка**<br>[strahófka] |
| la receta | **рецепт**<br>[retsǽpt] |
| el repelente de insectos | **средство от насекомых**<br>[srétstvɔ ɔt nasekómih] |
| la curita | **лейкопластырь**<br>[lejkɔplástir<sup>j</sup>] |

# Lo más imprescindible

| | |
|---|---|
| Perdone, ... | **Извините, ...** <br> [izviníte, ...] |
| Hola. | **Здравствуйте.** <br> [zdrástvujte.] |
| Gracias. | **Спасибо.** <br> [spasíbɔ.] |

| | |
|---|---|
| Sí. | **Да.** <br> [dá.] |
| No. | **Нет.** <br> [nét.] |
| No lo sé. | **Я не знаю.** <br> [já ne znáju.] |
| ¿Dónde? \| ¿A dónde? \| ¿Cuándo? | **Где? \| Куда? \| Когда?** <br> [gdé? \| kudá? \| kɔgdá?] |

| | |
|---|---|
| Necesito ... | **Мне нужен ...** <br> [mné núʒen ...] |
| Quiero ... | **Я хочу ...** <br> [já hoʧú ...] |
| ¿Tiene ...? | **У вас есть ...?** <br> [u vás jéstʲ ...?] |
| ¿Hay ... por aquí? | **Здесь есть ...?** <br> [zdésʲ éstʲ ...?] |
| ¿Puedo ...? | **Я могу ...?** <br> [já mɔgú ...?] |
| ..., por favor? (petición educada) | **пожалуйста** <br> [pɔʒálǝsta] |

| | |
|---|---|
| Busco ... | **Я ищу ...** <br> [já iʃʲú ...] |
| el servicio | **туалет** <br> [tualét] |
| un cajero automático | **банкомат** <br> [bankɔmát] |
| una farmacia | **аптеку** <br> [aptéku] |
| el hospital | **больницу** <br> [bɔlʲnítsu] |

| | |
|---|---|
| la comisaría | **полицейский участок** <br> [pɔlitsæjskij uʧástɔk] |
| el metro | **метро** <br> [metró] |

| | |
|---|---|
| un taxi | **такси**<br>[taksí] |
| la estación de tren | **вокзал**<br>[vɔkzál] |

| | |
|---|---|
| Me llamo … | **Меня зовут …**<br>[menʲá zɔvút …] |
| ¿Cómo se llama? | **Как вас зовут?**<br>[kák vás zɔvút?] |
| ¿Puede ayudarme, por favor? | **Помогите мне, пожалуйста.**<br>[pɔmɔgíte mné, pɔʒáləsta.] |
| Tengo un problema. | **У меня проблема.**<br>[u menʲá prɔbléma.] |
| Me encuentro mal. | **Мне плохо.**<br>[mné plóhɔ.] |
| ¡Llame a una ambulancia! | **Вызовите скорую!**<br>[vīzɔvite skóruju!] |
| ¿Puedo llamar, por favor? | **Могу я позвонить?**<br>[mɔgú já pɔzvɔnítʲ?] |

| | |
|---|---|
| Lo siento. | **Извините.**<br>[izviníte.] |
| De nada. | **Пожалуйста.**<br>[pɔʒáləsta.] |

| | |
|---|---|
| Yo | **я**<br>[já] |
| tú | **ты**<br>[tī] |
| él | **он**<br>[ón] |
| ella | **она**<br>[ɔná] |
| ellos | **они**<br>[ɔní] |
| ellas | **они**<br>[ɔní] |
| nosotros /nosotras/ | **мы**<br>[mī] |
| ustedes, vosotros | **вы**<br>[vī] |
| usted | **Вы**<br>[vī] |

| | |
|---|---|
| ENTRADA | **ВХОД**<br>[fhód] |
| SALIDA | **ВЫХОД**<br>[vīhɔd] |
| FUERA DE SERVICIO | **НЕ РАБОТАЕТ**<br>[ne rabótaet] |
| CERRADO | **ЗАКРЫТО**<br>[zakrītɔ] |

ABIERTO

**ОТКРЫТО**
[ɔtkrítɔ]

PARA SEÑORAS

**ДЛЯ ЖЕНЩИН**
[dlʲa ʒǽnʃin]

PARA CABALLEROS

**ДЛЯ МУЖЧИН**
[dlʲa muʃín]

## T&P BOOKS

# DICCIONARIO CONCISO

Esta sección contiene más
de 1.500 palabras útiles.
El diccionario incluye muchos
términos gastronómicos
y será de gran ayuda para
pedir alimentos en un
restaurante o comprando
comestibles en la tienda

**T&P Books Publishing**

# CONTENIDO
# DEL DICCIONARIO

| | | |
|---|---|---|
| tiempo (m) | время (c) | [vrémʲa] |
| hora (f) | час (м) | [tʃás] |
| media hora (f) | полчаса (мн) | [pɔltʃasá] |
| minuto (m) | минута (ж) | [minúta] |
| segundo (m) | секунда (ж) | [sekúnda] |
| | | |
| hoy (adv) | сегодня | [sevódnʲa] |
| mañana (adv) | завтра | [záftra] |
| ayer (adv) | вчера | [ftʃerá] |
| | | |
| lunes (m) | понедельник (м) | [pɔnedélʲnik] |
| martes (m) | вторник (м) | [ftórnik] |
| miércoles (m) | среда (ж) | [sredá] |
| jueves (m) | четверг (м) | [tʃetvérg] |
| viernes (m) | пятница (ж) | [pʲátnitsa] |
| sábado (m) | суббота (ж) | [subóta] |
| domingo (m) | воскресенье (c) | [vɔskresénje] |
| | | |
| día (m) | день (м) | [dénʲ] |
| día (m) de trabajo | рабочий день (м) | [rabótʃij dénʲ] |
| día (m) de fiesta | празник (м) | [práznik] |
| fin (m) de semana | выходные (мн) | [vihɔdnŋje] |
| | | |
| semana (f) | неделя (ж) | [nedélʲa] |
| semana (f) pasada | на прошлой неделе | [na prɔ́ʃlɔj nedéle] |
| semana (f) que viene | на следующей неделе | [na sléduʃʲej nedéle] |
| | | |
| salida (f) del sol | восход (м) солнца | [vɔsxód sóntsa] |
| puesta (f) del sol | закат (м) | [zakát] |
| | | |
| por la mañana | утром | [útrɔm] |
| por la tarde | после обеда | [pósle ɔbéda] |
| por la noche | вечером | [vétʃerɔm] |
| esta noche (p.ej. 8:00 p.m.) | сегодня вечером | [sevódnʲa vétʃerɔm] |
| | | |
| por la noche | ночью | [nótʃju] |
| medianoche (f) | полночь (ж) | [pólnɔtʃʲ] |
| | | |
| enero (m) | январь (м) | [jɪnvárʲ] |
| febrero (m) | февраль (м) | [fevrálʲ] |
| marzo (m) | март (м) | [márt] |
| abril (m) | апрель (м) | [aprélʲ] |
| mayo (m) | май (м) | [máj] |
| junio (m) | июнь (м) | [ijúnʲ] |
| julio (m) | июль (м) | [ijúlʲ] |

| agosto (m) | август (м) | [ávgust] |
| septiembre (m) | сентябрь (м) | [sentʲábrʲ] |
| octubre (m) | октябрь (м) | [ɔktʲábrʲ] |
| noviembre (m) | ноябрь (м) | [nɔjábrʲ] |
| diciembre (m) | декабрь (м) | [dekábrʲ] |
| | | |
| en primavera | весной | [vesnój] |
| en verano | летом | [létɔm] |
| en otoño | осенью | [ósenju] |
| en invierno | зимой | [zimój] |
| | | |
| mes (m) | месяц (м) | [mésɪʦ] |
| estación (f) | сезон (м) | [sezón] |
| año (m) | год (м) | [gód] |
| siglo (m) | век (м) | [vék] |

## 2. Números. Los numerales

| cifra (f) | цифра (ж) | [ʦīfra] |
| número (m) (~ cardinal) | число (с) | [ʧisló] |
| menos (m) | минус (м) | [mínus] |
| más (m) | плюс (м) | [plʲús] |
| suma (f) | сумма (ж) | [súmma] |
| | | |
| primero (adj) | первый | [pérvij] |
| segundo (adj) | второй | [ftɔrój] |
| tercero (adj) | третий | [trétij] |
| | | |
| cero | ноль | [nólʲ] |
| uno | один | [ɔdín] |
| dos | два | [dvá] |
| tres | три | [trí] |
| cuatro | четыре | [ʧetīre] |
| | | |
| cinco | пять | [pʲátʲ] |
| seis | шесть | [ʃǽstʲ] |
| siete | семь | [sémʲ] |
| ocho | восемь | [vósemʲ] |
| nueve | девять | [dévɪtʲ] |
| diez | десять | [désɪtʲ] |
| | | |
| once | одиннадцать | [ɔdínatsatʲ] |
| doce | двенадцать | [dvenátsatʲ] |
| trece | тринадцать | [trinátsatʲ] |
| catorce | четырнадцать | [ʧetīrnatsatʲ] |
| quince | пятнадцать | [pitnátsatʲ] |
| | | |
| dieciséis | шестнадцать | [ʃɛsnátsatʲ] |
| diecisiete | семнадцать | [semnátsatʲ] |
| dieciocho | восемнадцать | [vɔsemnátsatʲ] |

| diecinueve | девятнадцать | [devitnátsatʲ] |
| veinte | двадцать | [dvátsatʲ] |
| treinta | тридцать | [trítsatʲ] |
| cuarenta | сорок | [sórɔk] |
| cincuenta | пятьдесят | [pɪtʲdesʲát] |

| sesenta | шестьдесят | [ʃɛstʲdesʲát] |
| setenta | семьдесят | [sémʲdesɪt] |
| ochenta | восемьдесят | [vósemʲdesɪt] |
| noventa | девяносто | [devɪnóstɔ] |
| cien | сто | [stó] |
| doscientos | двести | [dvésti] |
| trescientos | триста | [trísta] |
| cuatrocientos | четыреста | [ʧetῙresta] |
| quinientos | пятьсот | [pɪtʲsót] |

| seiscientos | шестьсот | [ʃɛstʲsót] |
| setecientos | семьсот | [semʲsót] |
| ochocientos | восемьсот | [vɔsemʲsót] |
| novecientos | девятьсот | [devɪtʲsót] |
| mil | тысяча | [tῙsɪʧa] |

| diez mil | десять тысяч | [désɪtʲ tῙsʲaʧ] |
| cien mil | сто тысяч | [stó tῙsɪʧ] |
| millón (m) | миллион (м) | [milión] |
| mil millones | миллиард (м) | [miliárd] |

## 3. El ser humano. Los familiares

| hombre (m) (varón) | мужчина (м) | [muʃína] |
| joven (m) | юноша (м) | [júnɔʃa] |
| adolescente (m) | подросток (м) | [podróstɔk] |
| mujer (f) | женщина (ж) | [ʒǽnʃina] |
| muchacha (f) | девушка (ж) | [dévuʃka] |

| edad (f) | возраст (м) | [vózrast] |
| adulto | взрослый | [vzróslij] |
| de edad media (adj) | средних лет | [srédnih lét] |
| anciano, mayor (adj) | пожилой | [pɔʒilój] |
| viejo (adj) | старый | [stárij] |

| anciano (m) | старик (м) | [starík] |
| anciana (f) | старая женщина (ж) | [stáraja ʒǽnʃina] |
| jubilación (f) | пенсия (ж) | [pénsija] |
| jubilarse | уйти на пенсию | [ujtí na pénsiju] |
| jubilado (m) | пенсионер (ж) | [pensiɔnér] |

| madre (f) | мать (ж) | [mátʲ] |
| padre (m) | отец (м) | [ɔtéts] |
| hijo (m) | сын (м) | [sῙn] |

| | | |
|---|---|---|
| hija (f) | дочь (ж) | [dótʲ] |
| hermano (m) | брат (м) | [brát] |
| hermana (f) | сестра (ж) | [sestrá] |

| | | |
|---|---|---|
| padres (pl) | родители (мн) | [rɔdíteli] |
| niño -a (m, f) | ребёнок (м) | [rebǿnɔk] |
| niños (pl) | дети (мн) | [déti] |
| madrastra (f) | мачеха (ж) | [mátʃeha] |
| padrastro (m) | отчим (м) | [óttʃim] |

| | | |
|---|---|---|
| abuela (f) | бабушка (ж) | [bábuʃka] |
| abuelo (m) | дедушка (м) | [déduʃka] |
| nieto (m) | внук (м) | [vnúk] |
| nieta (f) | внучка (ж) | [vnútʃka] |
| nietos (pl) | внуки (мн) | [vnúki] |

| | | |
|---|---|---|
| tío (m) | дядя (м) | [dʲádʲa] |
| tía (f) | тётя (ж) | [tǿtʲa] |
| sobrino (m) | племянник (м) | [plemʲánik] |
| sobrina (f) | племянница (ж) | [plemʲánitsa] |

| | | |
|---|---|---|
| mujer (f) | жена (ж) | [ʒená] |
| marido (m) | муж (м) | [múʃ] |
| casado (adj) | женатый | [ʒenátij] |
| casada (adj) | замужняя | [zamúʒnʲaja] |
| viuda (f) | вдова (ж) | [vdɔvá] |
| viudo (m) | вдовец (м) | [vdɔvéts] |

| | | |
|---|---|---|
| nombre (m) | имя (с) | [ímʲa] |
| apellido (m) | фамилия (ж) | [famílija] |

| | | |
|---|---|---|
| pariente (m) | родственник (м) | [rótstvenik] |
| amigo (m) | друг (м) | [drúg] |
| amistad (f) | дружба (ж) | [drúʒba] |

| | | |
|---|---|---|
| compañero (m) | партнёр (м) | [partnǿr] |
| superior (m) | начальник (м) | [natʃálʲnik] |
| colega (m, f) | коллега (м) | [kɔléga] |
| vecinos (pl) | соседи (мн) | [sɔsédi] |

## 4. El cuerpo. La anatomía humana

| | | |
|---|---|---|
| organismo (m) | организм (м) | [ɔrganízm] |
| cuerpo (m) | тело (с) | [télɔ] |
| corazón (m) | сердце (с) | [sértse] |
| sangre (f) | кровь (ж) | [krófʲ] |
| cerebro (m) | мозг (м) | [mósg] |
| nervio (m) | нерв (м) | [nérf] |
| hueso (m) | кость (ж) | [kóstʲ] |
| esqueleto (m) | скелет (м) | [skelét] |

| | | |
|---|---|---|
| columna (f) vertebral | позвоночник (м) | [pɔzvɔnótʃnik] |
| costilla (f) | ребро (с) | [rebró] |
| cráneo (m) | череп (м) | [tʃérep] |
| | | |
| músculo (m) | мышца (ж) | [mɨ̃ʃtsa] |
| pulmones (m pl) | лёгкие (мн) | [lǿhkie] |
| piel (f) | кожа (ж) | [kóʒa] |
| | | |
| cabeza (f) | голова (ж) | [gɔlɔvá] |
| cara (f) | лицо (с) | [litsó] |
| nariz (f) | нос (м) | [nós] |
| frente (f) | лоб (м) | [lób] |
| mejilla (f) | щека (ж) | [ʃʲeká] |
| boca (f) | рот (м) | [rót] |
| lengua (f) | язык (м) | [jɪzɨ̃k] |
| diente (m) | зуб (м) | [zúb] |
| labios (m pl) | губы (мн) | [gúbɨ] |
| mentón (m) | подбородок (м) | [pɔdbɔródɔk] |
| | | |
| oreja (f) | ухо (с) | [úhɔ] |
| cuello (m) | шея (ж) | [ʃǽja] |
| garganta (f) | горло (с) | [górlɔ] |
| | | |
| ojo (m) | глаз (м) | [glás] |
| pupila (f) | зрачок (м) | [zratʃók] |
| ceja (f) | бровь (ж) | [brófʲ] |
| pestaña (f) | ресница (ж) | [resnítsa] |
| | | |
| pelo, cabello (m) | волосы (мн) | [vólɔsɨ] |
| peinado (m) | причёска (ж) | [pritʃóska] |
| bigote (m) | усы (м мн) | [usɨ̃] |
| barba (f) | борода (ж) | [bɔrɔdá] |
| tener (~ la barba) | носить (нсв, пх) | [nɔsítʲ] |
| calvo (adj) | лысый | [lɨ̃sij] |
| | | |
| mano (f) | кисть (ж) | [kístʲ] |
| brazo (m) | рука (ж) | [ruká] |
| dedo (m) | палец (м) | [pálets] |
| uña (f) | ноготь (м) | [nógɔtʲ] |
| palma (f) | ладонь (ж) | [ladónʲ] |
| | | |
| hombro (m) | плечо (с) | [pletʃó] |
| pierna (f) | нога (ж) | [nɔgá] |
| planta (f) | ступня (ж) | [stupnʲá] |
| | | |
| rodilla (f) | колено (с) | [kɔlénɔ] |
| talón (m) | пятка (ж) | [pʲátka] |
| | | |
| espalda (f) | спина (ж) | [spiná] |
| cintura (f), talle (m) | талия (ж) | [tálija] |
| lunar (m) | родинка (ж) | [ródinka] |
| marca (f) de nacimiento | родимое пятно (с) | [rɔdímɔe pɪtnó] |

## 5. La medicina. Las drogas

| | | |
|---|---|---|
| salud (f) | здоровье (c) | [zdɔróvje] |
| sano (adj) | здоровый | [zdɔróvij] |
| enfermedad (f) | болезнь (ж) | [bɔléznʲ] |
| estar enfermo | болеть (нсв, нпх) | [bɔlétʲ] |
| enfermo (adj) | больной | [bɔlʲnój] |
| | | |
| resfriado (m) | простуда (ж) | [prɔstúda] |
| resfriarse (vr) | простудиться (св, возв) | [prɔstudítsa] |
| angina (f) | ангина (ж) | [angína] |
| pulmonía (f) | воспаление (c) лёгких | [vɔspalénie lǿhkih] |
| gripe (f) | грипп (м) | [gríp] |
| | | |
| resfriado (m) (coriza) | насморк (м) | [násmɔrk] |
| tos (f) | кашель (м) | [káʃɛlʲ] |
| toser (vi) | кашлять (нсв, нпх) | [káʃlɪtʲ] |
| estornudar (vi) | чихать (нсв, нпх) | [ʧihátʲ] |
| | | |
| insulto (m) | инсульт (м) | [insúlʲt] |
| ataque (m) cardiaco | инфаркт (м) | [infárkt] |
| alergia (f) | аллергия (ж) | [alergíja] |
| asma (f) | астма (ж) | [ástma] |
| diabetes (f) | диабет (м) | [diabét] |
| | | |
| tumor (m) | опухоль (ж) | [ópuhɔlʲ] |
| cáncer (m) | рак (м) | [rák] |
| alcoholismo (m) | алкоголизм (м) | [alkɔgɔlízm] |
| SIDA (m) | СПИД (м) | [spíd] |
| fiebre (f) | лихорадка (ж) | [lihɔrátka] |
| mareo (m) | морская болезнь (ж) | [mɔrskája bɔléznʲ] |
| | | |
| moradura (f) | синяк (м) | [sinʲák] |
| chichón (m) | шишка (ж) | [ʃʃka] |
| cojear (vi) | хромать (нсв, нпх) | [hrɔmátʲ] |
| dislocación (f) | вывих (м) | [vĩvih] |
| dislocar (vt) | вывихнуть (св, пх) | [vĩvihnutʲ] |
| | | |
| fractura (f) | перелом (м) | [perelóm] |
| quemadura (f) | ожог (м) | [ɔʒóg] |
| herida (f) | повреждение (c) | [pɔvreʒdénie] |
| dolor (m) | боль (ж) | [bólʲ] |
| dolor (m) de muelas | зубная боль (ж) | [zubnája bólʲ] |
| | | |
| sudar (vi) | потеть (нсв, нпх) | [pɔtétʲ] |
| sordo (adj) | глухой | [gluhój] |
| mudo (adj) | немой | [nemój] |
| | | |
| inmunidad (f) | иммунитет (м) | [imunitét] |
| virus (m) | вирус (м) | [vírus] |
| microbio (m) | микроб (м) | [mikrób] |

| bacteria (f) | бактерия (ж) | [baktǽrija] |
| infección (f) | инфекция (ж) | [inféktsija] |

| hospital (m) | больница (ж) | [bɔlʲnítsa] |
| cura (f) | лечение (с) | [letʃénie] |
| vacunar (vt) | делать прививку | [délatʲ privífku] |
| estar en coma | быть в коме | [bɨtʲ f kóme] |
| revitalización (f) | реанимация (ж) | [reanimátsija] |
| síntoma (m) | симптом (м) | [simptóm] |
| pulso (m) | пульс (м) | [púlʲs] |

## 6. Los sentimientos. Las emociones

| yo | я | [já] |
| tú | ты | [tɨ́] |
| él | он | [ón] |
| ella | она | [ɔná] |
| ello | оно | [ɔnó] |

| nosotros, -as | мы | [mɨ̄] |
| vosotros, -as | вы | [vɨ̄] |
| ellos, ellas | они | [ɔní] |

| ¡Hola! (fam.) | Здравствуй! | [zdrástvuj] |
| ¡Hola! (form.) | Здравствуйте! | [zdrástvujte] |
| ¡Buenos días! | Доброе утро! | [dóbrɔe útrɔ] |
| ¡Buenas tardes! | Добрый день! | [dóbrij dénʲ] |
| ¡Buenas noches! | Добрый вечер! | [dóbrij vetʃer] |

| decir hola | здороваться (нсв, возв) | [zdɔróvatsa] |
| saludar (vt) | приветствовать (нсв, пх) | [privétstvɔvatʲ] |
| ¿Cómo estáis? | Как у вас дела? | [kák u vás delá?] |
| ¿Cómo estás? | Как дела? | [kák delá?] |
| ¡Chau! ¡Adiós! | До свидания! | [dɔ svidánija] |
| ¡Gracias! | Спасибо! | [spasíbɔ] |

| sentimientos (m pl) | чувства (с мн) | [tʃústva] |
| tener hambre | хотеть есть | [hɔtétʲ éstʲ] |
| tener sed | хотеть пить | [hɔtétʲ pítʲ] |
| cansado (adj) | усталый | [ustálij] |

| inquietarse (vr) | беспокоиться (нсв, возв) | [bespɔkóitsa] |
| estar nervioso | нервничать (нсв, нпх) | [nérvnitʃatʲ] |
| esperanza (f) | надежда (ж) | [nadéʒda] |
| esperar (tener esperanza) | надеяться (нсв, возв) | [nadéitsa] |

| carácter (m) | характер (м) | [harákter] |
| modesto (adj) | скромный | [skrómnij] |
| perezoso (adj) | ленивый | [lenívij] |
| generoso (adj) | щедрый | [ʃʲédrij] |

| talentoso (adj) | тала́нтливый | [talántlivij] |
| honesto (adj) | че́стный | [t͡ɕésnij] |
| serio (adj) | серьёзный | [serjǿznij] |
| tímido (adj) | ро́бкий | [rópkij] |
| sincero (adj) | и́скренний | [ískrenij] |
| cobarde (m) | трус (м) | [trús] |

| dormir (vi) | спать (нсв, нпх) | [spátʲ] |
| sueño (m) (dulces ~s) | сон (м) | [són] |
| cama (f) | крова́ть (ж) | [krɔvátʲ] |
| almohada (f) | поду́шка (ж) | [pɔdúʃka] |

| insomnio (m) | бессо́нница (ж) | [bessónit͡sa] |
| irse a la cama | идти́ спать | [itʲtʲí spátʲ] |
| pesadilla (f) | кошма́р (м) | [kɔʃmár] |
| despertador (m) | буди́льник (м) | [budílʲnik] |

| sonrisa (f) | улы́бка (ж) | [ulɯ̄pka] |
| sonreír (vi) | улыба́ться (нсв, возв) | [ulɨbát͡sa] |
| reírse (vr) | смея́ться (нсв, возв) | [smeját͡sa] |

| disputa (f), riña (f) | ссо́ра (ж) | [ssóra] |
| insulto (m) | оскорбле́ние (с) | [ɔskɔrblénie] |
| ofensa (f) | оби́да (ж) | [ɔbída] |
| enfadado (adj) | серди́тый | [serdítij] |

## 7. La ropa. Accesorios personales

| ropa (f) | оде́жда (ж) | [ɔdéʒda] |
| abrigo (m) | пальто́ (с) | [palʲtó] |
| abrigo (m) de piel | шу́ба (ж) | [ʃúba] |
| cazadora (f) | ку́ртка (ж) | [kúrtka] |
| impermeable (m) | плащ (м) | [pláʃʲ] |
| camisa (f) | руба́шка (ж) | [rubáʃka] |
| pantalones (m pl) | брю́ки (мн) | [brʲúki] |
| chaqueta (f), saco (m) | пиджа́к (м) | [pidʒák] |
| traje (m) | костю́м (м) | [kɔstʲúm] |

| vestido (m) | пла́тье (с) | [plátje] |
| falda (f) | ю́бка (ж) | [júpka] |
| camiseta (f) (T-shirt) | футбо́лка (ж) | [futbólka] |
| bata (f) de baño | хала́т (м) | [halát] |
| pijama (m) | пижа́ма (ж) | [piʒáma] |
| ropa (f) de trabajo | рабо́чая оде́жда (ж) | [rabót͡ʃaja ɔdéʒda] |

| ropa (f) interior | бельё (с) | [beljǿ] |
| calcetines (m pl) | носки́ (мн) | [nɔskí] |
| sostén (m) | бюстга́льтер (м) | [bʲusgálʲter] |
| pantimedias (f pl) | колго́тки (мн) | [kɔlgótki] |
| medias (f pl) | чулки́ (мн) | [t͡ʃʲulkí] |

| | | |
|---|---|---|
| traje (m) de baño | купальник (м) | [kupálʲnik] |
| gorro (m) | шапка (ж) | [ʃápka] |
| calzado (m) | обувь (ж) | [óbufʲ] |
| botas (f pl) altas | сапоги (мн) | [sapɔgí] |
| tacón (m) | каблук (м) | [kablúk] |
| cordón (m) | шнурок (м) | [ʃnurók] |
| betún (m) | крем (м) для обуви | [krém dlʲa óbuvi] |
| | | |
| algodón (m) | хлопок (м) | [hlópɔk] |
| lana (f) | шерсть (ж) | [ʃǽrstʲ] |
| piel (f) (~ de zorro, etc.) | мех (м) | [méh] |
| | | |
| guantes (m pl) | перчатки (ж мн) | [pertʃátki] |
| manoplas (f pl) | варежки (ж мн) | [váreʃki] |
| bufanda (f) | шарф (м) | [ʃárf] |
| gafas (f pl) | очки (мн) | [ɔtʃkí] |
| paraguas (m) | зонт (м) | [zónt] |
| | | |
| corbata (f) | галстук (м) | [gálstuk] |
| moquero (m) | носовой платок (м) | [nɔsɔvój platók] |
| peine (m) | расчёска (ж) | [raʃóska] |
| cepillo (m) de pelo | щётка (ж) для волос | [ʃótka dlʲa vɔlós] |
| hebilla (f) | пряжка (ж) | [prʲáʃka] |
| cinturón (m) | пояс (м) | [pójas] |
| bolso (m) | сумочка (ж) | [súmɔtʃka] |
| | | |
| cuello (m) | воротник (м) | [vɔrɔtník] |
| bolsillo (m) | карман (м) | [karmán] |
| manga (f) | рукав (м) | [rukáf] |
| bragueta (f) | ширинка (ж) | [ʃirínka] |
| | | |
| cremallera (f) | молния (ж) | [mólnija] |
| botón (m) | пуговица (ж) | [púgɔvitsa] |
| ensuciarse (vr) | испачкаться (св, возв) | [ispátʃkatsa] |
| mancha (f) | пятно (с) | [pɪtnó] |

## 8. La ciudad. Las instituciones urbanas

| | | |
|---|---|---|
| tienda (f) | магазин (м) | [magazín] |
| centro (m) comercial | торговый центр (м) | [tɔrgóvij tsǽntr] |
| supermercado (m) | супермаркет (м) | [supermárket] |
| zapatería (f) | обувной магазин (м) | [ɔbuvnój magazín] |
| librería (f) | книжный магазин (м) | [kníʒnij magazín] |
| | | |
| farmacia (f) | аптека (ж) | [aptéka] |
| panadería (f) | булочная (ж) | [búlɔtʃnaja] |
| pastelería (f) | кондитерская (ж) | [kɔndíterskaja] |
| tienda (f) de comestibles | продуктовый магазин (м) | [prɔduktóvij magazín] |
| carnicería (f) | мясная лавка (ж) | [mɪsnája láfka] |

| verdulería (f) | овощная лавка (ж) | [ɔvɔʃnája láfka] |
| mercado (m) | рынок (м) | [rĩnɔk] |

| peluquería (f) | парикмахерская (ж) | [parihmáherskaja] |
| oficina (f) de correos | почта (ж) | [pótʃta] |
| tintorería (f) | химчистка (ж) | [himtʃístka] |
| circo (m) | цирк (м) | [tsĩrk] |
| zoológico (m) | зоопарк (м) | [zɔɔpárk] |
| teatro (m) | театр (м) | [teátr] |
| cine (m) | кинотеатр (м) | [kinɔteátr] |
| museo (m) | музей (м) | [muzéj] |
| biblioteca (f) | библиотека (ж) | [bibliɔtéka] |

| mezquita (f) | мечеть (ж) | [metʃétʲ] |
| sinagoga (f) | синагога (ж) | [sinagóga] |
| catedral (f) | собор (м) | [sɔbór] |

| templo (m) | храм (м) | [hrám] |
| iglesia (f) | церковь (ж) | [tsǽrkɔfʲ] |

| instituto (m) | институт (м) | [institút] |
| universidad (f) | университет (м) | [universitét] |
| escuela (f) | школа (ж) | [ʃkóla] |

| hotel (m) | гостиница (ж) | [gɔstínitsa] |
| banco (m) | банк (м) | [bánk] |

| embajada (f) | посольство (с) | [pɔsólʲstvɔ] |
| agencia (f) de viajes | турагентство (с) | [tur·agénstvɔ] |

| metro (m) | метро (с) | [metró] |
| hospital (m) | больница (ж) | [bɔlʲnítsa] |

| gasolinera (f) | автозаправка (ж) | [aftɔ·zapráfka] |
| aparcamiento (m) | стоянка (ж) | [stɔjánka] |

| ENTRADA | ВХОД | [fhód] |
| SALIDA | ВЫХОД | [vĩhɔd] |
| EMPUJAR | ОТ СЕБЯ | [ɔt sebʲá] |
| TIRAR | НА СЕБЯ | [na sebʲá] |

| ABIERTO | ОТКРЫТО | [ɔtkrĩtɔ] |
| CERRADO | ЗАКРЫТО | [zakrĩtɔ] |

| monumento (m) | памятник (м) | [pámɪtnik] |
| fortaleza (f) | крепость (ж) | [krépɔstʲ] |
| palacio (m) | дворец (м) | [dvɔréts] |

| medieval (adj) | средневековый | [srednevekóvij] |
| antiguo (adj) | старинный | [starínnij] |
| nacional (adj) | национальный | [natsiɔnálʲnij] |
| conocido (adj) | известный | [izvésnij] |

## 9. El dinero. Las finanzas

| | | |
|---|---|---|
| dinero (m) | деньги (мн) | [dénʲgi] |
| moneda (f) | монета (ж) | [mɔnéta] |
| dólar (m) | доллар (м) | [dólar] |
| euro (m) | евро (c) | [évrɔ] |

| | | |
|---|---|---|
| cajero (m) automático | банкомат (м) | [bankɔmát] |
| oficina (f) de cambio | обменный пункт (м) | [ɔbménnij púnkt] |
| curso (m) | курс (м) | [kúrs] |
| dinero (m) en efectivo | наличные деньги (мн) | [nalítʃnie dénʲgi] |
| ¿Cuánto? | Сколько? | [skólʲkɔ?] |
| pagar (vi, vt) | платить (нсв, н/пх) | [platítʲ] |
| pago (m) | оплата (ж) | [ɔpláta] |
| cambio (m) (devolver el ~) | сдача (ж) | [zdátʃa] |

| | | |
|---|---|---|
| precio (m) | цена (ж) | [tsɛná] |
| descuento (m) | скидка (ж) | [skítka] |
| barato (adj) | дешёвый | [deʃóvij] |
| caro (adj) | дорогой | [dɔrɔgój] |

| | | |
|---|---|---|
| banco (m) | банк (м) | [bánk] |
| cuenta (f) | счёт (м) | [ʃøt] |
| tarjeta (f) de crédito | кредитная карта (ж) | [kredítnaja kárta] |
| cheque (m) | чек (м) | [tʃék] |
| sacar un cheque | выписать чек | [vɨpisatʲ tʃék] |
| talonario (m) | чековая книжка (ж) | [tʃékɔvaja kníʃka] |

| | | |
|---|---|---|
| deuda (f) | долг (м) | [dólg] |
| deudor (m) | должник (м) | [dɔlʒník] |
| prestar (vt) | дать в долг | [dátʲ v dólg] |
| tomar prestado | взять в долг | [vzʲátʲ v dólg] |

| | | |
|---|---|---|
| alquilar (vt) | взять напрокат | [vzʲátʲ naprɔkát] |
| a crédito (adv) | в кредит | [f kredít] |
| cartera (f) | бумажник (м) | [bumáʒnik] |
| caja (f) fuerte | сейф (м) | [séjf] |
| herencia (f) | наследство (c) | [naslétstvɔ] |
| fortuna (f) | состояние (c) | [sɔstɔjánie] |

| | | |
|---|---|---|
| impuesto (m) | налог (м) | [nalóg] |
| multa (f) | штраф (м) | [ʃtráf] |
| multar (vt) | штрафовать (нсв, пх) | [ʃtrafɔvátʲ] |

| | | |
|---|---|---|
| al por mayor (adj) | оптовый | [ɔptóvij] |
| al por menor (adj) | розничный | [róznitʃnij] |
| asegurar (vt) | страховать (нсв, пх) | [strahɔvátʲ] |
| seguro (m) | страховка (ж) | [strahófka] |

| | | |
|---|---|---|
| capital (m) | капитал (м) | [kapitál] |
| volumen (m) de negocio | оборот (м) | [ɔbɔrót] |

| | | |
|---|---|---|
| acción (f) | акция (ж) | [áktsɨja] |
| beneficio (m) | прибыль (ж) | [príbɨlʲ] |
| beneficioso (adj) | прибыльный | [príbɨlʲnij] |

| | | |
|---|---|---|
| crisis (f) | кризис (м) | [krízis] |
| bancarrota (f) | банкротство (с) | [bankrótstvɔ] |
| ir a la bancarrota | обанкротиться (нсв, возв) | [ɔbankrótitsa] |

| | | |
|---|---|---|
| contable (m) | бухгалтер (м) | [buhgálter] |
| salario (m) | заработная плата (ж) | [zárabɔtnaja pláta] |
| premio (m) | премия (ж) | [prémija] |

## 10. El transporte

| | | |
|---|---|---|
| autobús (m) | автобус (м) | [aftóbus] |
| tranvía (m) | трамвай (м) | [tramváj] |
| trolebús (m) | троллейбус (м) | [trɔléjbus] |

| | | |
|---|---|---|
| ir en ... | ехать на ... (нсв) | [éhatʲ na ...] |
| tomar (~ el autobús) | сесть на ... (св) | [séstʲ na ...] |
| bajar (~ del tren) | сойти с ... (св) | [sɔjtí s ...] |

| | | |
|---|---|---|
| parada (f) | остановка (ж) | [ɔstanófka] |
| parada (f) final | конечная остановка (ж) | [kɔnétʃnaja ɔstanófka] |
| horario (m) | расписание (с) | [raspisánie] |
| billete (m) | билет (м) | [bilét] |
| llegar tarde (vi) | опаздывать на ... (нсв, нпх) | [ɔpázdivatʲ na ...] |

| | | |
|---|---|---|
| taxi (m) | такси (с) | [taksí] |
| en taxi | на такси | [na taksí] |
| parada (f) de taxi | стоянка (ж) такси | [stɔjánka taksí] |

| | | |
|---|---|---|
| tráfico (m) | уличное движение (с) | [úlitʃnɔe dviʒǽnie] |
| horas (f pl) de punta | часы пик (м) | [tʃasɨ̄ pík] |
| aparcar (vi) | парковаться (нсв, возв) | [parkɔvátsa] |

| | | |
|---|---|---|
| metro (m) | метро (с) | [metró] |
| estación (f) | станция (ж) | [stántsija] |
| tren (m) | поезд (м) | [póezd] |
| estación (f) | вокзал (м) | [vɔkzál] |
| rieles (m pl) | рельсы (мн) | [rélʲsi] |
| compartimiento (m) | купе (с) | [kupǽ] |
| litera (f) | полка (ж) | [pólka] |

| | | |
|---|---|---|
| avión (m) | самолёт (м) | [samɔlǿt] |
| billete (m) de avión | авиабилет (м) | [aviabilét] |
| compañía (f) aérea | авиакомпания (ж) | [avia·kɔmpánija] |
| aeropuerto (m) | аэропорт (м) | [aɛrɔpórt] |
| vuelo (m) | полёт (м) | [pɔlǿt] |

| | | |
|---|---|---|
| equipaje (m) | багаж (м) | [bagáʃ] |
| carrito (m) de equipaje | тележка (ж) для багажа | [teléʃka dlʲa bagaʒá] |
| | | |
| barco, buque (m) | корабль (м) | [kɔráblʲ] |
| trasatlántico (m) | лайнер (м) | [lájner] |
| yate (m) | яхта (ж) | [jáhta] |
| bote (m) de remo | лодка (ж) | [lótka] |
| | | |
| capitán (m) | капитан (м) | [kapitán] |
| camarote (m) | каюта (ж) | [kajúta] |
| puerto (m) | порт (м) | [pórt] |
| | | |
| bicicleta (f) | велосипед (м) | [velɔsipéd] |
| scooter (m) | мотороллер (м) | [mɔtɔróler] |
| motocicleta (f) | мотоцикл (м) | [mɔtɔtsĩkl] |
| pedal (m) | педаль (ж) | [pedálʲ] |
| bomba (f) | насос (м) | [nasós] |
| rueda (f) | колесо (c) | [kɔlesó] |
| | | |
| coche (m) | автомобиль (м) | [aftɔmɔbílʲ] |
| ambulancia (f) | скорая помощь (ж) | [skóraja pómɔʃ] |
| camión (m) | грузовик (м) | [gruzɔvík] |
| de ocasión (adj) | подержанный | [pɔdérʒenij] |
| accidente (m) | авария (ж) | [avárija] |
| reparación (f) | ремонт (м) | [remónt] |

## 11. La comida. Unidad 1

| | | |
|---|---|---|
| carne (f) | мясо (c) | [mʲásɔ] |
| gallina (f) | курица (ж) | [kúritsa] |
| pato (m) | утка (ж) | [útka] |
| | | |
| carne (f) de cerdo | свинина (ж) | [svinína] |
| carne (f) de ternera | телятина (ж) | [telʲátina] |
| carne (f) de carnero | баранина (ж) | [baránina] |
| carne (f) de vaca | говядина (ж) | [gɔvʲádina] |
| | | |
| salchichón (m) | колбаса (ж) | [kɔlbasá] |
| huevo (m) | яйцо (c) | [jijtsó] |
| pescado (m) | рыба (ж) | [rĩba] |
| queso (m) | сыр (м) | [sĩr] |
| azúcar (m) | сахар (м) | [sáhar] |
| sal (f) | соль (ж) | [sólʲ] |
| | | |
| arroz (m) | рис (м) | [rís] |
| macarrones (m pl) | макароны (мн) | [makaróni] |
| mantequilla (f) | сливочное масло (c) | [slívɔtʃnɔe máslɔ] |
| aceite (m) vegetal | растительное масло (c) | [rastítelʲnɔe máslɔ] |
| pan (m) | хлеб (м) | [hléb] |
| chocolate (m) | шоколад (м) | [ʃɔkɔlád] |

| | | |
|---|---|---|
| vino (m) | вино (c) | [vinó] |
| café (m) | кофе (м) | [kófe] |
| leche (f) | молоко (c) | [mɔlɔkó] |
| zumo (m), jugo (m) | сок (м) | [sók] |
| cerveza (f) | пиво (c) | [pívɔ] |
| té (m) | чай (м) | [tʃáj] |
| | | |
| tomate (m) | помидор (м) | [pɔmidór] |
| pepino (m) | огурец (м) | [ɔguréts] |
| zanahoria (f) | морковь (ж) | [mɔrkófʲ] |
| patata (f) | картофель (м) | [kartófelʲ] |
| cebolla (f) | лук (м) | [lúk] |
| ajo (m) | чеснок (м) | [tʃesnók] |
| | | |
| col (f) | капуста (ж) | [kapústa] |
| remolacha (f) | свёкла (ж) | [svǿkla] |
| berenjena (f) | баклажан (м) | [baklaʒán] |
| eneldo (m) | укроп (м) | [ukróp] |
| lechuga (f) | салат (м) | [salát] |
| maíz (m) | кукуруза (ж) | [kukurúza] |
| | | |
| fruto (m) | фрукт (м) | [frúkt] |
| manzana (f) | яблоко (c) | [jáblɔkɔ] |
| pera (f) | груша (ж) | [grúʃa] |
| limón (m) | лимон (м) | [limón] |
| naranja (f) | апельсин (м) | [apelʲsín] |
| fresa (f) | клубника (ж) | [klubníka] |
| | | |
| ciruela (f) | слива (ж) | [slíva] |
| frambuesa (f) | малина (ж) | [malína] |
| piña (f) | ананас (м) | [ananás] |
| banana (f) | банан (м) | [banán] |
| sandía (f) | арбуз (м) | [arbús] |
| uva (f) | виноград (м) | [vinɔgrád] |
| melón (m) | дыня (ж) | [dīnʲa] |

## 12. La comida. Unidad 2

| | | |
|---|---|---|
| cocina (f) | кухня (ж) | [kúhnʲa] |
| receta (f) | рецепт (м) | [retsǽpt] |
| comida (f) | еда (ж) | [edá] |
| | | |
| desayunar (vi) | завтракать (нсв, нпх) | [záftrakatʲ] |
| almorzar (vi) | обедать (нсв, нпх) | [ɔbédatʲ] |
| cenar (vi) | ужинать (нсв, нпх) | [úʒinatʲ] |
| | | |
| sabor (m) | вкус (м) | [fkús] |
| sabroso (adj) | вкусный | [fkúsnij] |
| frío (adj) | холодный | [hɔlódnij] |
| caliente (adj) | горячий | [gɔrʲátʃij] |

| | | |
|---|---|---|
| azucarado, dulce (adj) | сладкий | [slátkij] |
| salado (adj) | солёный | [sɔlǿnij] |
| | | |
| bocadillo (m) | бутерброд (м) | [buterbród] |
| guarnición (f) | гарнир (м) | [garnír] |
| relleno (m) | начинка (ж) | [natʃínka] |
| salsa (f) | соус (м) | [sóus] |
| pedazo (m) | кусок (м) | [kusók] |
| dieta (f) | диета (ж) | [diéta] |
| vitamina (f) | витамин (м) | [vitamín] |
| caloría (f) | калория (ж) | [kalórija] |
| vegetariano (m) | вегетарианец (м) | [vegetariánets] |
| | | |
| restaurante (m) | ресторан (м) | [restɔrán] |
| cafetería (f) | кофейня (ж) | [kɔféjnʲa] |
| apetito (m) | аппетит (м) | [apetít] |
| ¡Que aproveche! | Приятного аппетита! | [prijátnɔvɔ apetíta] |
| | | |
| camarero (m) | официант (м) | [ɔfitsiánt] |
| camarera (f) | официантка (ж) | [ɔfitsiántka] |
| barman (m) | бармен (м) | [bármɛn] |
| carta (f), menú (m) | меню (с) | [menʲú] |
| cuchara (f) | ложка (ж) | [lóʃka] |
| cuchillo (m) | нож (м) | [nóʃ] |
| tenedor (m) | вилка (ж) | [vílka] |
| taza (f) | чашка (ж) | [tʃáʃka] |
| | | |
| plato (m) | тарелка (ж) | [tarélka] |
| platillo (m) | блюдце (с) | [blʲútse] |
| servilleta (f) | салфетка (ж) | [salfétka] |
| mondadientes (m) | зубочистка (ж) | [zubɔtʃístka] |
| | | |
| pedir (vt) | заказать (св, пх) | [zakazátʲ] |
| plato (m) | блюдо (с) | [blʲúdɔ] |
| porción (f) | порция (ж) | [pórtsija] |
| entremés (m) | закуска (ж) | [zakúska] |
| ensalada (f) | салат (м) | [salát] |
| sopa (f) | суп (м) | [súp] |
| | | |
| postre (m) | десерт (м) | [desért] |
| confitura (f) | варенье (с) | [varénje] |
| helado (m) | мороженое (с) | [mɔróʒenɔe] |
| cuenta (f) | счёт (м) | [ʃǿt] |
| pagar la cuenta | оплатить счёт | [ɔplatítʲ ʃǿt] |
| propina (f) | чаевые (мн) | [tʃaevíe] |

## 13. La casa. El apartamento. Unidad 1

| | | |
|---|---|---|
| casa (f) | дом (м) | [dóm] |
| casa (f) de campo | загородный дом (м) | [zágɔrɔdnij dɔm] |

| villa (f) | вилла (ж) | [vílla] |
| piso (m), planta (f) | этаж (м) | [ɛtáʃ] |
| entrada (f) | подъезд (м) | [pɔdjézd] |
| pared (f) | стена (ж) | [stená] |
| techo (m) | крыша (ж) | [krïʃa] |
| chimenea (f) | труба (ж) | [trubá] |
| | | |
| desván (m) | чердак (м) | [tʃerdák] |
| ventana (f) | окно (c) | [ɔknó] |
| alféizar (m) | подоконник (м) | [pɔdɔkónik] |
| balcón (m) | балкон (м) | [balkón] |
| | | |
| escalera (f) | лестница (ж) | [lésnitsa] |
| buzón (m) | почтовый ящик (м) | [pɔtʃtóvij jáʃʲik] |
| contenedor (m) de basura | мусорный бак (м) | [músɔrnij bák] |
| ascensor (m) | лифт (м) | [líft] |
| | | |
| electricidad (f) | электричество (c) | [ɛlektrítʃestvɔ] |
| bombilla (f) | лампочка (ж) | [lámpɔtʃka] |
| interruptor (m) | выключатель (м) | [viklʲutʃátelʲ] |
| enchufe (m) | розетка (ж) | [rɔzétka] |
| fusible (m) | предохранитель (м) | [predɔhranítelʲ] |
| | | |
| puerta (f) | дверь (ж) | [dvérʲ] |
| tirador (m) | ручка (ж) | [rútʃka] |
| llave (f) | ключ (м) | [klʲútʃ] |
| felpudo (m) | коврик (м) | [kóvrik] |
| | | |
| cerradura (f) | замок (м) | [zámɔk] |
| timbre (m) | звонок (м) | [zvɔnók] |
| toque (m) a la puerta | стук (м) | [stúk] |
| tocar la puerta | стучать (нсв, нпх) | [stutʃátʲ] |
| mirilla (f) | глазок (м) | [glazók] |
| | | |
| patio (m) | двор (м) | [dvór] |
| jardín (m) | сад (м) | [sád] |
| piscina (f) | бассейн (м) | [basǽjn] |
| gimnasio (m) | тренажёрный зал (м) | [trenaʒórnij zál] |
| cancha (f) de tenis | теннисный корт (м) | [tǽnisnij kórt] |
| garaje (m) | гараж (м) | [garáʃ] |
| | | |
| propiedad (f) privada | частная собственность (ж) | [tʃásnaja sópstvenɔstʲ] |
| letrero (m) de aviso | предупреждающая надпись (ж) | [predupreʒdájuʃʲaja nátpisʲ] |
| seguridad (f) | охрана (ж) | [ɔhrána] |
| guardia (m) de seguridad | охранник (м) | [ɔhránnik] |
| | | |
| renovación (f) | ремонт (м) | [remónt] |
| renovar (vt) | делать ремонт | [délatʲ remónt] |
| poner en orden | приводить в порядок | [privɔdítʲ f pɔrʲádɔk] |
| pintar (las paredes) | красить (нсв, пх) | [krásitʲ] |

| empapelado (m) | обои (мн) | [obói] |
| cubrir con barniz | покрывать лаком | [pokrivátʲ lákom] |
| tubo (m) | труба (ж) | [trubá] |
| instrumentos (m pl) | инструменты (м мн) | [instruménti] |
| sótano (m) | подвал (м) | [podvál] |
| alcantarillado (m) | канализация (ж) | [kanalizátsija] |

## 14. La casa. El apartamento. Unidad 2

| apartamento (m) | квартира (ж) | [kvartíra] |
| habitación (f) | комната (ж) | [kómnata] |
| dormitorio (m) | спальня (ж) | [spálʲnʲa] |
| comedor (m) | столовая (ж) | [stolóvaja] |

| salón (m) | гостиная (ж) | [gostínaja] |
| despacho (m) | кабинет (м) | [kabinét] |
| antecámara (f) | прихожая (ж) | [prihóʒaja] |
| cuarto (m) de baño | ванная комната (ж) | [vánnaja kómnata] |
| servicio (m) | туалет (м) | [tualét] |

| suelo (m) | пол (м) | [pól] |
| techo (m) | потолок (м) | [potolók] |

| limpiar el polvo | вытирать пыль | [vitirátʲ pīlʲ] |
| aspirador (m), aspiradora (f) | пылесос (м) | [pilesós] |
| limpiar con la aspiradora | пылесосить (нсв, н/пх) | [pilesósitʲ] |

| fregona (f) | швабра (ж) | [ʃvábra] |
| trapo (m) | тряпка (ж) | [trʲápka] |
| escoba (f) | веник (м) | [vénik] |
| cogedor (m) | совок (м) для мусора | [sovók dlʲa músora] |
| muebles (m pl) | мебель (ж) | [mébelʲ] |
| mesa (f) | стол (м) | [stól] |
| silla (f) | стул (м) | [stúl] |
| sillón (m) | кресло (c) | [kréslo] |

| librería (f) | книжный шкаф (м) | [kníʒnij ʃkáf] |
| estante (m) | полка (ж) | [pólka] |
| armario (m) | гардероб (м) | [garderób] |

| espejo (m) | зеркало (c) | [zérkalo] |
| tapiz (m) | ковёр (м) | [kovǿr] |
| chimenea (f) | камин (м) | [kamín] |
| cortinas (f pl) | шторы (ж мн) | [ʃtóri] |
| lámpara (f) de mesa | настольная лампа (ж) | [nastólʲnaja lámpa] |
| lámpara (f) de araña | люстра (ж) | [lʲústra] |

| cocina (f) | кухня (ж) | [kúhnʲa] |
| cocina (f) de gas | газовая плита (ж) | [gázovaja plitá] |
| cocina (f) eléctrica | электроплита (ж) | [ɛléktro·plitá] |

| | | |
|---|---|---|
| horno (m) microondas | микроволновая печь (ж) | [mikrɔ·vɔlnóvaja péʧ] |
| frigorífico (m) | холодильник (м) | [hɔlɔdílʲnik] |
| congelador (m) | морозильник (м) | [mɔrɔzílʲnik] |
| lavavajillas (m) | посудомоечная машина (ж) | [pɔsúdɔ·móeʧnaja maʃína] |
| grifo (m) | кран (м) | [krán] |
| | | |
| picadora (f) de carne | мясорубка (ж) | [mɪsɔrúpka] |
| exprimidor (m) | соковыжималка (ж) | [sɔkɔ·viʒimálka] |
| tostador (m) | тостер (м) | [tóstɛr] |
| batidora (f) | миксер (м) | [míkser] |
| | | |
| cafetera (f) (aparato de cocina) | кофеварка (ж) | [kɔfevárka] |
| hervidor (m) de agua | чайник (м) | [ʧájnik] |
| tetera (f) | чайник (м) | [ʧájnik] |
| | | |
| televisor (m) | телевизор (м) | [televízɔr] |
| vídeo (m) | видеомагнитофон (м) | [vídeɔ·magnitɔfón] |
| plancha (f) | утюг (м) | [utʲúg] |
| teléfono (m) | телефон (м) | [telefón] |

## 15. Los trabajos. El estatus social

| | | |
|---|---|---|
| director (m) | директор (м) | [diréktɔr] |
| superior (m) | начальник (м) | [naʧálʲnik] |
| presidente (m) | президент (м) | [prezidént] |
| asistente (m) | помощник (м) | [pɔmóʃnik] |
| secretario, -a (m, f) | секретарь (м) | [sekretárʲ] |
| | | |
| propietario (m) | владелец (м) | [vladélets] |
| socio (m) | партнёр (м) | [partnǿr] |
| accionista (m) | акционер (м) | [aktsiɔnér] |
| | | |
| hombre (m) de negocios | бизнесмен (м) | [biznɛsmén] |
| millonario (m) | миллионер (м) | [miliɔnér] |
| multimillonario (m) | миллиардер (м) | [miliardér] |
| | | |
| actor (m) | актёр (м) | [aktǿr] |
| arquitecto (m) | архитектор (м) | [arhitéktɔr] |
| banquero (m) | банкир (м) | [bankír] |
| broker (m) | брокер (м) | [bróker] |
| veterinario (m) | ветеринар (м) | [veterinár] |
| médico (m) | врач (м) | [vráʧ] |
| camarera (f) | горничная (ж) | [górniʧnaja] |
| diseñador (m) | дизайнер (м) | [dizájner] |
| corresponsal (m) | корреспондент (м) | [kɔrespɔndént] |
| repartidor (m) | курьер (м) | [kurjér] |
| electricista (m) | электрик (м) | [ɛléktrik] |
| músico (m) | музыкант (м) | [muzikánt] |

| niñera (f) | няня (ж) | [nʲánʲa] |
| peluquero (m) | парикмахер (м) | [parikmáher] |
| pastor (m) | пастух (м) | [pastúh] |

| cantante (m) | певец (м) | [pevéts] |
| traductor (m) | переводчик (м) | [perevóttʃik] |
| escritor (m) | писатель (м) | [pisátelʲ] |
| carpintero (m) | плотник (м) | [plótnik] |
| cocinero (m) | повар (м) | [póvar] |

| bombero (m) | пожарный (м) | [poʒárnij] |
| policía (f) | полицейский (м) | [politsæjskij] |
| cartero (m) | почтальон (м) | [potʃtaljón] |
| programador (m) | программист (м) | [programíst] |
| vendedor (m) | продавец (м) | [prodavéts] |

| obrero (m) | рабочий (м) | [rabótʃij] |
| jardinero (m) | садовник (м) | [sadóvnik] |
| fontanero (m) | сантехник (м) | [santéhnik] |
| dentista (m) | стоматолог (м) | [stomatólog] |
| azafata (f) | стюардесса (ж) | [stʲuardǽsa] |

| bailarín (m) | танцор (м) | [tantsór] |
| guardaespaldas (m) | телохранитель (м) | [telohranítelʲ] |
| científico (m) | учёный (м) | [utʃónij] |
| profesor (m) | учитель (м) | [utʃítelʲ] |
| (~ de baile, etc.) | | |

| granjero (m) | фермер (м) | [férmer] |
| cirujano (m) | хирург (м) | [hirúrg] |
| minero (m) | шахтёр (м) | [ʃahtør] |
| jefe (m) de cocina | шеф-повар (м) | [ʃæf-póvar] |
| chofer (m) | шофёр (м) | [ʃofør] |

## 16. Los deportes

| tipo (m) de deporte | вид (м) спорта | [víd spórta] |
| fútbol (m) | футбол (м) | [futból] |
| hockey (m) | хоккей (м) | [hɔkéj] |
| baloncesto (m) | баскетбол (м) | [basketból] |
| béisbol (m) | бейсбол (м) | [bejzból] |

| voleibol (m) | волейбол (м) | [vɔlejból] |
| boxeo (m) | бокс (м) | [bóks] |
| lucha (f) | борьба (ж) | [borʲbá] |
| tenis (m) | теннис (м) | [tǽnis] |
| natación (f) | плавание (с) | [plávanie] |

| ajedrez (m) | шахматы (мн) | [ʃáhmati] |
| carrera (f) | бег (м) | [bég] |

| atletismo (m) | лёгкая атлетика (ж) | [lóhkaja atlétika] |
| patinaje (m) artístico | фигурное катание (с) | [figúrnɔe katánie] |
| ciclismo (m) | велоспорт (м) | [velɔspórt] |

| billar (m) | бильярд (м) | [biljárd] |
| culturismo (m) | бодибилдинг (м) | [bɔdibílding] |
| golf (m) | гольф (м) | [gólʲf] |
| buceo (m) | дайвинг (м) | [dájving] |
| vela (f) | парусный спорт (м) | [párusnʲij spórt] |
| tiro (m) con arco | стрельба (ж) из лука | [strelʲbá iz lúka] |

| tiempo (m) | тайм (м) | [tájm] |
| descanso (m) | перерыв (м) | [pererîf] |
| empate (m) | ничья (ж) | [nitʃjá] |
| empatar (vi) | сыграть вничью | [sigrátʲ vnitʃjú] |

| cinta (f) de correr | беговая дорожка (ж) | [begɔvája dɔróʃka] |
| jugador (m) | игрок (м) | [igrók] |
| reserva (m) | запасной игрок (м) | [zapasnój igrók] |
| banquillo (m) de reserva | скамейка (ж) запасных | [skaméjka zapasnîh] |
| match (m) | матч (м) | [máttʃ] |
| puerta (f) | ворота (мн) | [vɔróta] |
| portero (m) | вратарь (м) | [vratárʲ] |
| gol (m) | гол (м) | [gól] |

| Juegos (m pl) Olímpicos | Олимпийские игры (ж мн) | [ɔlimpíjskie ígri] |
| establecer un record | ставить рекорд | [stávitʲ rekórd] |
| final (m) | финал (м) | [finál] |
| campeón (m) | чемпион (м) | [tʃempión] |
| campeonato (m) | чемпионат (м) | [tʃempiɔnát] |

| vencedor (m) | победитель (м) | [pɔbedítelʲ] |
| victoria (f) | победа (ж) | [pɔbéda] |
| ganar (vi) | выиграть (св, нпх) | [vîigratʲ] |
| perder (vi) | проиграть (св, нпх) | [prɔigrátʲ] |
| medalla (f) | медаль (ж) | [medálʲ] |

| primer puesto (m) | первое место (с) | [pérvɔe méstɔ] |
| segundo puesto (m) | второе место (с) | [ftɔróe méstɔ] |
| tercer puesto (m) | третье место (с) | [trétje méstɔ] |

| estadio (m) | стадион (м) | [stadión] |
| hincha (m) | болельщик (м) | [bɔlélʲʃik] |
| entrenador (m) | тренер (м) | [tréner] |
| entrenamiento (m) | тренировка (ж) | [trenirófka] |

## 17. Los idiomas extranjeros. La ortografía

| lengua (f) | язык (м) | [jizîk] |
| estudiar (vt) | изучать (нсв, пх) | [izutʃátʲ] |

| | | |
|---|---|---|
| pronunciación (f) | произношение (c) | [prɔiznɔʃǽnie] |
| acento (m) | акцент (м) | [aktsǽnt] |
| | | |
| sustantivo (m) | существительное (c) | [suʃestvítelˈnɔe] |
| adjetivo (m) | прилагательное (c) | [prilagátelˈnɔe] |
| verbo (m) | глагол (м) | [glagól] |
| adverbio (m) | наречие (c) | [narétʃie] |
| | | |
| pronombre (m) | местоимение (c) | [mestɔiménie] |
| interjección (f) | междометие (c) | [meʒdɔmétie] |
| preposición (f) | предлог (м) | [predlóg] |
| | | |
| raíz (f), radical (m) | корень (м) слова | [kórenʲ slóva] |
| desinencia (f) | окончание (c) | [ɔkɔntʃánie] |
| prefijo (m) | приставка (ж) | [pristáfka] |
| sílaba (f) | слог (м) | [slóg] |
| sufijo (m) | суффикс (м) | [súfiks] |
| | | |
| acento (m) | ударение (c) | [udarénie] |
| punto (m) | точка (ж) | [tótʃka] |
| coma (m) | запятая (ж) | [zapɪtája] |
| dos puntos (m pl) | двоеточие (c) | [dvɔetótʃie] |
| puntos (m pl) suspensivos | многоточие (c) | [mnɔgɔtótʃie] |
| | | |
| pregunta (f) | вопрос (м) | [vɔprós] |
| signo (m) de interrogación | вопросительный знак (м) | [vɔprɔsítelˈnij znák] |
| signo (m) de admiración | восклицательный знак (м) | [vɔsklitsátelˈnij znák] |
| | | |
| entre comillas | в кавычках | [f kavítʃkah] |
| entre paréntesis | в скобках | [f skópkah] |
| letra (f) | буква (ж) | [búkva] |
| letra (f) mayúscula | большая буква (ж) | [bɔlʲʃája búkva] |
| | | |
| oración (f) | предложение (c) | [predlɔʒǽnie] |
| combinación (f) de palabras | словосочетание (c) | [slɔvɔ·sɔtʃetánie] |
| expresión (f) | выражение (c) | [vɪraʒǽnie] |
| | | |
| sujeto (m) | подлежащее (c) | [pɔdleʒáʃee] |
| predicado (m) | сказуемое (c) | [skazúemɔe] |
| línea (f) | строка (ж) | [strɔká] |
| párrafo (m) | абзац (м) | [abzáts] |
| | | |
| sinónimo (m) | синоним (м) | [sinónim] |
| antónimo (m) | антоним (м) | [antónim] |
| excepción (f) | исключение (c) | [isklʲutʃénie] |
| subrayar (vt) | подчеркнуть (св, пх) | [pɔtʃʃerknútʲ] |
| | | |
| reglas (f pl) | правила (c мн) | [právila] |
| gramática (f) | грамматика (ж) | [gramátika] |

| | | |
|---|---|---|
| vocabulario (m) | лексика (ж) | [léksika] |
| fonética (f) | фонетика (ж) | [fɔnǽtika] |
| alfabeto (m) | алфавит (м) | [alfavít] |

| | | |
|---|---|---|
| manual (m) | учебник (м) | [utʃébnik] |
| diccionario (m) | словарь (м) | [slɔvárʲ] |
| guía (f) de conversación | разговорник (м) | [razgɔvórnik] |

| | | |
|---|---|---|
| palabra (f) | слово (с) | [slóvɔ] |
| significado (m) | смысл (м) | [smïsl] |
| memoria (f) | память (ж) | [pámɪtʲ] |

## 18. La Tierra. La geografía

| | | |
|---|---|---|
| Tierra (f) | Земля (ж) | [zemlʲá] |
| globo (m) terrestre | земной шар (м) | [zemnój ʃár] |
| planeta (m) | планета (ж) | [planéta] |

| | | |
|---|---|---|
| geografía (f) | география (ж) | [geɔgráfija] |
| naturaleza (f) | природа (ж) | [priróda] |
| mapa (m) | карта (ж) | [kárta] |
| atlas (m) | атлас (м) | [átlas] |

| | | |
|---|---|---|
| en el norte | на севере | [na sévere] |
| en el sur | на юге | [na júge] |
| en el oeste | на западе | [na západe] |
| en el este | на востоке | [na vɔstóke] |

| | | |
|---|---|---|
| mar (m) | море (с) | [móre] |
| océano (m) | океан (м) | [ɔkeán] |
| golfo (m) | залив (м) | [zalíf] |
| estrecho (m) | пролив (м) | [prɔlíf] |

| | | |
|---|---|---|
| continente (m) | материк (м) | [materík] |
| isla (f) | остров (м) | [óstrɔf] |
| península (f) | полуостров (м) | [pɔlu·óstrɔf] |
| archipiélago (m) | архипелаг (м) | [arhipelág] |

| | | |
|---|---|---|
| ensenada, bahía (f) | гавань (ж) | [gávanʲ] |
| arrecife (m) de coral | коралловый риф (м) | [kɔrálɔvij ríf] |
| orilla (f) | побережье (с) | [pɔberéʒje] |
| costa (f) | берег (м) | [béreg] |

| | | |
|---|---|---|
| flujo (m) | прилив (м) | [prilíf] |
| reflujo (m) | отлив (м) | [ɔtlíf] |

| | | |
|---|---|---|
| latitud (f) | широта (ж) | [ʃirɔtá] |
| longitud (f) | долгота (ж) | [dɔlgotá] |
| paralelo (m) | параллель (ж) | [paralélʲ] |
| ecuador (m) | экватор (м) | [ɛkvátɔr] |

| cielo (m) | небо (c) | [nébɔ] |
| horizonte (m) | горизонт (м) | [gɔrizónt] |
| atmósfera (f) | атмосфера (ж) | [atmɔsféra] |

| montaña (f) | гора (ж) | [gɔrá] |
| cima (f) | вершина (ж) | [verʃína] |
| roca (f) | скала (ж) | [skalá] |
| colina (f) | холм (м) | [hólm] |

| volcán (m) | вулкан (м) | [vulkán] |
| glaciar (m) | ледник (м) | [ledník] |
| cascada (f) | водопад (м) | [vɔdɔpád] |
| llanura (f) | равнина (ж) | [ravnína] |

| río (m) | река (ж) | [reká] |
| manantial (m) | источник (м) | [istótʃnik] |
| ribera (f) | берег (м) | [béreg] |
| río abajo (adv) | вниз по течению | [vnís pɔ tetʃéniju] |
| río arriba (adv) | вверх по течению | [vvérh pɔ tetʃéniju] |

| lago (m) | озеро (c) | [ózerɔ] |
| presa (f) | плотина (ж) | [plɔtína] |
| canal (m) | канал (м) | [kanál] |
| pantano (m) | болото (c) | [bɔlótɔ] |
| hielo (m) | лёд (м) | [lʲód] |

## 19. Los países. Unidad 1

| Europa (f) | Европа (ж) | [evrópa] |
| Unión (f) Europea | Европейский Союз (м) | [evrɔpéjskij sɔjús] |
| europeo (m) | европеец (м) | [evrɔpéets] |
| europeo (adj) | европейский | [evrɔpéjskij] |

| Austria (f) | Австрия (ж) | [áfstrija] |
| Gran Bretaña (f) | Великобритания (ж) | [velikɔbritánija] |
| Inglaterra (f) | Англия (ж) | [ánglija] |
| Bélgica (f) | Бельгия (ж) | [bélʲgija] |
| Alemania (f) | Германия (ж) | [germánija] |

| Países Bajos (m pl) | Нидерланды (мн) | [niderlándi] |
| Holanda (f) | Голландия (ж) | [gɔlándija] |
| Grecia (f) | Греция (ж) | [grétsija] |
| Dinamarca (f) | Дания (ж) | [dánija] |
| Irlanda (f) | Ирландия (ж) | [irlándija] |

| Islandia (f) | Исландия (ж) | [islándija] |
| España (f) | Испания (ж) | [ispánija] |
| Italia (f) | Италия (ж) | [itálija] |
| Chipre (m) | Кипр (м) | [kípr] |
| Malta (f) | Мальта (ж) | [málʲta] |

| Noruega (f) | Норвегия (ж) | [norvégija] |
| Portugal (m) | Португалия (ж) | [portugálija] |
| Finlandia (f) | Финляндия (ж) | [finlʲándija] |
| Francia (f) | Франция (ж) | [frántsija] |
| Suecia (f) | Швеция (ж) | [ʃvétsija] |

| Suiza (f) | Швейцария (ж) | [ʃvejtsárija] |
| Escocia (f) | Шотландия (ж) | [ʃotlándija] |
| Vaticano (m) | Ватикан (м) | [vatikán] |
| Liechtenstein (m) | Лихтенштейн (м) | [lihtɛnʃtǽjn] |
| Luxemburgo (m) | Люксембург (м) | [lʲuksembúrg] |

| Mónaco (m) | Монако (с) | [monáko] |
| Albania (f) | Албания (ж) | [albánija] |
| Bulgaria (f) | Болгария (ж) | [bolgárija] |
| Hungría (f) | Венгрия (ж) | [véngrija] |
| Letonia (f) | Латвия (ж) | [látvija] |

| Lituania (f) | Литва (ж) | [litvá] |
| Polonia (f) | Польша (ж) | [pólʲʃa] |
| Rumania (f) | Румыния (ж) | [rumīnija] |
| Serbia (f) | Сербия (ж) | [sérbija] |
| Eslovaquia (f) | Словакия (ж) | [slovákija] |

| Croacia (f) | Хорватия (ж) | [horvátija] |
| Chequia (f) | Чехия (ж) | [tʃéhija] |
| Estonia (f) | Эстония (ж) | [ɛstónija] |
| Bosnia y Herzegovina | Босния и Герцеговина (ж) | [bósnija i gertsɛgovína] |
| Macedonia | Македония (ж) | [makedónija] |

| Eslovenia | Словения (ж) | [slovénija] |
| Montenegro (m) | Черногория (ж) | [tʃernogórija] |
| Bielorrusia (f) | Беларусь (ж) | [belarúsʲ] |
| Moldavia (f) | Молдова (ж) | [moldóva] |
| Rusia (f) | Россия (ж) | [rosíja] |
| Ucrania (f) | Украина (ж) | [ukraína] |

## 20. Los países. Unidad 2

| Asia (f) | Азия (ж) | [ázija] |
| Vietnam (m) | Вьетнам (м) | [vjetnám] |
| India (f) | Индия (ж) | [índija] |
| Israel (m) | Израиль (м) | [izráilʲ] |
| China (f) | Китай (м) | [kitáj] |

| Líbano (m) | Ливан (м) | [liván] |
| Mongolia (f) | Монголия (ж) | [mongólija] |
| Malasia (f) | Малайзия (ж) | [malájzija] |
| Pakistán (m) | Пакистан (м) | [pakistán] |

| | | |
|---|---|---|
| Arabia (f) Saudita | Саудовская Аравия (ж) | [saúdɔfskaja arávija] |
| Tailandia (f) | Таиланд (м) | [tailánd] |
| Taiwán (m) | Тайвань (м) | [tajvánʲ] |
| Turquía (f) | Турция (ж) | [túrtsija] |
| Japón (m) | япония (ж) | [jɪpónija] |
| Afganistán (m) | Афганистан (м) | [afganistán] |
| | | |
| Bangladesh (m) | Бангладеш (м) | [bangladéʃ] |
| Indonesia (f) | Индонезия (ж) | [indɔnézija] |
| Jordania (f) | Иордания (ж) | [iɔrdánija] |
| Irak (m) | Ирак (м) | [irák] |
| Irán (m) | Иран (м) | [irán] |
| | | |
| Camboya (f) | Камбоджа (ж) | [kambódʒa] |
| Kuwait (m) | Кувейт (м) | [kuvéjt] |
| Laos (m) | Лаос (м) | [laós] |
| Myanmar (m) | Мьянма (ж) | [mjánma] |
| Nepal (m) | Непал (м) | [nepál] |
| | | |
| Emiratos (m pl) Árabes Unidos | Объединённые Арабские Эмираты (мн) | [ɔbjedinǿnnɪe arápskɪe ɛmirátɪ] |
| Siria (f) | Сирия (ж) | [sírija] |
| Palestina (f) | Палестина (ж) | [palestína] |
| Corea (f) del Sur | Южная Корея (ж) | [júʒnaja kɔréja] |
| Corea (f) del Norte | Северная Корея (ж) | [sévernaja kɔréja] |
| | | |
| Estados Unidos de América | Соединённые Штаты (мн) Америки | [sɔedinǿnnɪe ʃtátɪ amériki] |
| Canadá (f) | Канада (ж) | [kanáda] |
| Méjico (m) | Мексика (ж) | [méksika] |
| Argentina (f) | Аргентина (ж) | [argentína] |
| Brasil (m) | Бразилия (ж) | [brazílija] |
| | | |
| Colombia (f) | Колумбия (ж) | [kɔlúmbija] |
| Cuba (f) | Куба (ж) | [kúba] |
| Chile (m) | Чили (ж) | [tʃíli] |
| | | |
| Venezuela (f) | Венесуэла (ж) | [venesuǽla] |
| Ecuador (m) | Эквадор (м) | [ɛkvadór] |
| | | |
| Islas (f pl) Bahamas | Багамские острова (ж) | [bagámskie ɔstrɔvá] |
| Panamá (f) | Панама (ж) | [panáma] |
| Egipto (m) | Египет (м) | [egípet] |
| | | |
| Marruecos (m) | Марокко (c) | [marókɔ] |
| Túnez (m) | Тунис (м) | [tunís] |
| | | |
| Kenia (f) | Кения (ж) | [kénija] |
| Libia (f) | Ливия (ж) | [lívija] |
| República (f) Sudafricana | ЮАР (ж) | [juár] |
| Australia (f) | Австралия (ж) | [afstrálija] |
| Nueva Zelanda (f) | Новая Зеландия (ж) | [nóvaja zelándija] |

## 21. El tiempo. Los desastres naturales

| | | |
|---|---|---|
| tiempo (m) | погода (ж) | [pɔgóda] |
| previsión (f) del tiempo | прогноз (м) погоды | [prɔgnós pɔgódi] |
| temperatura (f) | температура (ж) | [temperatúra] |
| termómetro (m) | термометр (м) | [termómetr] |
| barómetro (m) | барометр (м) | [barómetr] |
| | | |
| sol (m) | солнце (с) | [sónʦe] |
| brillar (vi) | светить (нсв, нпх) | [svetítʲ] |
| soleado (un día ~) | солнечный | [sólneʧnij] |
| elevarse (el sol) | взойти (св, нпх) | [vzɔjtí] |
| ponerse (vr) | сесть (св, нпх) | [séstʲ] |
| | | |
| lluvia (f) | дождь (м) | [dóʃtʲ], [dóʃ] |
| está lloviendo | идёт дождь | [idǿt dóʃtʲ] |
| aguacero (m) | проливной дождь (м) | [prɔlivnój dóʃtʲ] |
| nubarrón (m) | туча (ж) | [túʧa] |
| charco (m) | лужа (ж) | [lúʒa] |
| mojarse (vr) | промокнуть (св, нпх) | [prɔmóknutʲ] |
| | | |
| tormenta (f) | гроза (ж) | [grɔzá] |
| relámpago (m) | молния (ж) | [mólnija] |
| relampaguear (vi) | сверкать (нсв, нпх) | [sverkátʲ] |
| trueno (m) | гром (м) | [gróm] |
| está tronando | гремит гром | [gremít gróm] |
| granizo (m) | град (м) | [grád] |
| está granizando | идёт град | [idǿt grád] |
| | | |
| bochorno (m) | жара (ж) | [ʒará] |
| hace mucho calor | жарко | [ʒárkɔ] |
| hace calor (templado) | тепло | [tepló] |
| hace frío | холодно | [hólɔdnɔ] |
| | | |
| niebla (f) | туман (м) | [tumán] |
| nebuloso (adj) | туманный | [tumánnij] |
| nube (f) | облако (с) | [óblakɔ] |
| nuboso (adj) | облачный | [óblaʧnij] |
| humedad (f) | влажность (ж) | [vláʒnɔstʲ] |
| | | |
| nieve (f) | снег (м) | [snég] |
| está nevando | идёт снег | [idǿt snég] |
| helada (f) | мороз (м) | [mɔrós] |
| bajo cero (adv) | ниже нуля | [níʒe nulʲá] |
| escarcha (f) | иней (м) | [ínej] |
| | | |
| mal tiempo (m) | непогода (ж) | [nepɔgóda] |
| catástrofe (f) | катастрофа (ж) | [katastrófa] |
| inundación (f) | наводнение (с) | [navɔdnénie] |
| avalancha (f) | лавина (ж) | [lavína] |
| terremoto (m) | землетрясение (с) | [zemletrısénie] |

| sacudida (f) | толчок (м) | [toltʃók] |
| epicentro (m) | эпицентр (м) | [ɛpitsǽntr] |
| erupción (f) | извержение (c) | [izverʒǽnie] |
| lava (f) | лава (ж) | [láva] |

| tornado (m) | торнадо (м) | [tɔrnádɔ] |
| torbellino (m) | смерч (м) | [smértʃ] |
| huracán (m) | ураган (м) | [uragán] |
| tsunami (m) | цунами (c) | [tsunámi] |
| ciclón (m) | циклон (м) | [tsiklón] |

## 22. Los animales. Unidad 1

| animal (m) | животное (c) | [ʒivótnɔe] |
| carnívoro (m) | хищник (м) | [híʃʲnik] |

| tigre (m) | тигр (м) | [tígr] |
| león (m) | лев (м) | [léf] |
| lobo (m) | волк (м) | [vólk] |
| zorro (m) | лиса (ж) | [lisá] |
| jaguar (m) | ягуар (м) | [jɪguár] |

| lince (m) | рысь (ж) | [rĩsʲ] |
| coyote (m) | койот (м) | [kɔjót] |
| chacal (m) | шакал (м) | [ʃakál] |
| hiena (f) | гиена (ж) | [giéna] |

| ardilla (f) | белка (ж) | [bélka] |
| erizo (m) | ёж (м) | [jóʃ] |
| conejo (m) | кролик (м) | [królik] |
| mapache (m) | енот (м) | [enót] |

| hámster (m) | хомяк (м) | [hɔmʲák] |
| topo (m) | крот (м) | [krót] |
| ratón (m) | мышь (ж) | [mĩʃ] |
| rata (f) | крыса (ж) | [krĩsa] |
| murciélago (m) | летучая мышь (ж) | [letútʃaja mĩʃ] |

| castor (m) | бобр (м) | [bóbr] |
| caballo (m) | лошадь (ж) | [lóʃatʲ] |
| ciervo (m) | олень (м) | [ɔlénʲ] |
| camello (m) | верблюд (м) | [verblʲúd] |
| cebra (f) | зебра (ж) | [zébra] |

| ballena (f) | кит (м) | [kít] |
| foca (f) | тюлень (м) | [tʲulénʲ] |
| morsa (f) | морж (м) | [mórʃ] |
| delfín (m) | дельфин (м) | [delʲfín] |
| oso (m) | медведь (м) | [medvétʲ] |
| mono (m) | обезьяна (ж) | [ɔbezjána] |

| elefante (m) | слон (м) | [slón] |
| rinoceronte (m) | носорог (м) | [nɔsɔróg] |
| jirafa (f) | жираф (м) | [ʒiráf] |

| hipopótamo (m) | бегемот (м) | [begemót] |
| canguro (m) | кенгуру (м) | [kengurú] |
| gata (f) | кошка (ж) | [kóʃka] |

| vaca (f) | корова (ж) | [kɔróva] |
| toro (m) | бык (м) | [bĭk] |
| oveja (f) | овца (ж) | [ɔftsá] |
| cabra (f) | коза (ж) | [kɔzá] |

| asno (m) | осёл (м) | [ɔsǿl] |
| cerdo (m) | свинья (ж) | [svinjá] |
| gallina (f) | курица (ж) | [kúritsa] |
| gallo (m) | петух (м) | [petúh] |

| pato (m) | утка (ж) | [útka] |
| ganso (m) | гусь (м) | [gúsʲ] |
| pava (f) | индюшка (ж) | [indʲúʃka] |
| perro (m) pastor | овчарка (ж) | [ɔftʃárka] |

## 23. Los animales. Unidad 2

| pájaro (m) | птица (ж) | [ptítsa] |
| paloma (f) | голубь (м) | [gólupʲ] |
| gorrión (m) | воробей (м) | [vɔrɔbéj] |
| carbonero (m) | синица (ж) | [sinítsa] |
| urraca (f) | сорока (ж) | [sɔróka] |

| águila (f) | орёл (м) | [ɔrǿl] |
| azor (m) | ястреб (м) | [jástreb] |
| halcón (m) | сокол (м) | [sókɔl] |

| cisne (m) | лебедь (м) | [lébetʲ] |
| grulla (f) | журавль (м) | [ʒurávlʲ] |
| cigüeña (f) | аист (м) | [áist] |
| loro (m), papagayo (m) | попугай (м) | [pɔpugáj] |
| pavo (m) real | павлин (м) | [pavlín] |
| avestruz (m) | страус (м) | [stráus] |

| garza (f) | цапля (ж) | [tsáplʲa] |
| ruiseñor (m) | соловей (м) | [sɔlɔvéj] |
| golondrina (f) | ласточка (ж) | [lástɔtʃka] |
| pájaro carpintero (m) | дятел (м) | [dʲátel] |
| cuco (m) | кукушка (ж) | [kukúʃka] |
| lechuza (f) | сова (ж) | [sɔvá] |
| pingüino (m) | пингвин (м) | [pingvín] |
| atún (m) | тунец (м) | [tunéts] |

| | | |
|---|---|---|
| trucha (f) | форель (ж) | [foráelʲ] |
| anguila (f) | угорь (м) | [úgorʲ] |
| tiburón (m) | акула (ж) | [akúla] |
| centolla (f) | краб (м) | [kráb] |
| medusa (f) | медуза (ж) | [medúza] |
| pulpo (m) | осьминог (м) | [ɔsʲminóg] |
| estrella (f) de mar | морская звезда (ж) | [mɔrskája zvezdá] |
| erizo (m) de mar | морской ёж (м) | [mɔrskój jóʃ] |
| caballito (m) de mar | морской конёк (м) | [mɔrskój kɔnǿk] |
| camarón (m) | креветка (ж) | [krevétka] |
| serpiente (f) | змея (ж) | [zmejá] |
| víbora (f) | гадюка (ж) | [gadʲúka] |
| lagarto (m) | ящерица (ж) | [jáʃeritsa] |
| iguana (f) | игуана (ж) | [iguána] |
| camaleón (m) | хамелеон (м) | [hameleón] |
| escorpión (m) | скорпион (м) | [skɔrpión] |
| tortuga (f) | черепаха (ж) | [ʧerepáha] |
| rana (f) | лягушка (ж) | [lɪgúʃka] |
| cocodrilo (m) | крокодил (м) | [krɔkɔdíl] |
| insecto (m) | насекомое (с) | [nasekómɔe] |
| mariposa (f) | бабочка (ж) | [bábɔʧka] |
| hormiga (f) | муравей (м) | [muravéj] |
| mosca (f) | муха (ж) | [múha] |
| mosquito (m) (picadura de ~) | комар (м) | [kɔmár] |
| escarabajo (m) | жук (м) | [ʒúk] |
| abeja (f) | пчела (ж) | [pʧelá] |
| araña (f) | паук (м) | [paúk] |
| mariquita (f) | божья коровка (ж) | [bóʒja kɔrófka] |

## 24. Los árboles. Las plantas

| | | |
|---|---|---|
| árbol (m) | дерево (с) | [dérevɔ] |
| abedul (m) | берёза (ж) | [berǿza] |
| roble (m) | дуб (м) | [dúb] |
| tilo (m) | липа (ж) | [lípa] |
| pobo (m) | осина (ж) | [ɔsína] |
| arce (m) | клён (м) | [klǿn] |
| pícea (f) | ель (ж) | [élʲ] |
| pino (m) | сосна (ж) | [sɔsná] |
| cedro (m) | кедр (м) | [kédr] |
| álamo (m) | тополь (м) | [tópɔlʲ] |
| serbal (m) | рябина (ж) | [rɪbína] |

| | | |
|---|---|---|
| haya (f) | бук (м) | [búk] |
| olmo (m) | вяз (м) | [vʲás] |
| | | |
| fresno (m) | ясень (м) | [jásenʲ] |
| castaño (m) | каштан (м) | [kaʃtán] |
| palmera (f) | пальма (ж) | [pálʲma] |
| mata (f) | куст (м) | [kúst] |
| | | |
| seta (f) | гриб (м) | [gríb] |
| seta (f) venenosa | ядовитый гриб (м) | [jɪdɔvítij gríb] |
| seta calabaza (f) | белый гриб (м) | [bélij gríb] |
| rúsula (f) | сыроежка (ж) | [sirɔéʃka] |
| matamoscas (m) | мухомор (м) | [muhɔmór] |
| oronja (f) verde | поганка (ж) | [pɔgánka] |
| | | |
| flor (f) | цветок (м) | [ʦvetók] |
| ramo (m) de flores | букет (м) | [bukét] |
| rosa (f) | роза (ж) | [róza] |
| | | |
| tulipán (m) | тюльпан (м) | [tʲulʲpán] |
| clavel (m) | гвоздика (ж) | [gvɔzdíka] |
| | | |
| manzanilla (f) | ромашка (ж) | [rɔmáʃka] |
| cacto (m) | кактус (м) | [káktus] |
| muguete (m) | ландыш (м) | [lándɨʃ] |
| | | |
| campanilla (f) de las nieves | подснежник (м) | [potsnéʒnik] |
| nenúfar (m) | кувшинка (ж) | [kufʃĩnka] |
| | | |
| invernadero (m) tropical | оранжерея (ж) | [ɔranʒeréja] |
| césped (m) | газон (м) | [gazón] |
| macizo (m) de flores | клумба (ж) | [klúmba] |
| | | |
| planta (f) | растение (с) | [rasténie] |
| hierba (f) | трава (ж) | [travá] |
| hoja (f) | лист (м) | [líst] |
| pétalo (m) | лепесток (м) | [lepestók] |
| | | |
| tallo (m) | стебель (м) | [stébelʲ] |
| retoño (m) | росток (м) | [rɔstók] |
| | | |
| cereales (m pl) (plantas) | зерновые растения (с мн) | [zernɔvĩe rasténija] |
| trigo (m) | пшеница (ж) | [pʃɛnítsa] |
| | | |
| centeno (m) | рожь (ж) | [róʃ] |
| avena (f) | овёс (м) | [ɔvǿs] |
| | | |
| mijo (m) | просо (с) | [prósɔ] |
| cebada (f) | ячмень (м) | [jɪʧménʲ] |
| maíz (m) | кукуруза (ж) | [kukurúza] |
| arroz (m) | рис (м) | [rís] |

## 25. Varias palabras útiles

| | | |
|---|---|---|
| alto (m) (parada temporal) | остановка (ж) | [ɔstanófka] |
| ayuda (f) | помощь (ж) | [pómɔʃ] |
| balance (m) | баланс (м) | [baláns] |
| base (f) (~ científica) | база (ж) | [báza] |
| categoría (f) | категория (ж) | [kategórija] |
| | | |
| coincidencia (f) | совпадение (c) | [sɔfpadénie] |
| comienzo (m) (principio) | начало (c) | [natʃálɔ] |
| comparación (f) | сравнение (c) | [sravnénie] |
| desarrollo (m) | развитие (c) | [razvítie] |
| diferencia (f) | различие (c) | [razlítʃie] |
| | | |
| efecto (m) | эффект (м) | [ɛfékt] |
| ejemplo (m) | пример (м) | [primér] |
| variedad (f) (selección) | выбор (м) | [vɨbɔr] |
| elemento (m) | элемент (м) | [ɛlemént] |
| error (m) | ошибка (ж) | [ɔʃípka] |
| | | |
| esfuerzo (m) | усилие (c) | [usílie] |
| estándar (adj) | стандартный | [standártnij] |
| estilo (m) | стиль (м) | [stílʲ] |
| forma (f) (contorno) | форма (ж) | [fórma] |
| | | |
| grado (m) (en mayor ~) | степень (ж) | [stépenʲ] |
| hecho (m) | факт (м) | [fákt] |
| ideal (m) | идеал (м) | [ideál] |
| modo (m) (de otro ~) | способ (м) | [spósɔb] |
| momento (m) | момент (м) | [mɔmént] |
| | | |
| obstáculo (m) | препятствие (c) | [prepʲátstvie] |
| parte (f) | часть (ж) | [tʃástʲ] |
| pausa (f) | пауза (ж) | [páuza] |
| posición (f) | позиция (ж) | [pɔzítsija] |
| problema (m) | проблема (ж) | [prɔbléma] |
| | | |
| proceso (m) | процесс (м) | [prɔtsǽs] |
| progreso (m) | прогресс (м) | [prɔgrǽs] |
| propiedad (f) (cualidad) | свойство (c) | [svójstvɔ] |
| reacción (f) | реакция (ж) | [reáktsija] |
| riesgo (m) | риск (м) | [rísk] |
| | | |
| secreto (m) | тайна (ж) | [tájna] |
| serie (f) | серия (ж) | [sérija] |
| sistema (m) | система (ж) | [sistéma] |
| situación (f) | ситуация (ж) | [situátsija] |
| solución (f) | решение (c) | [reʃǽnie] |
| | | |
| tabla (f) (~ de multiplicar) | таблица (ж) | [tablítsa] |
| tempo (m) (ritmo) | темп (м) | [tǽmp] |

| término (m) | термин (м) | [términ] |
| tipo (m) | вид (м) | [víd] |
| (p.ej. ~ de deportes) | | |
| turno (m) (esperar su ~) | очередь (ж) | [óʧeretʲ] |
| urgente (adj) | срочный | [sróʧnij] |
| utilidad (f) | польза (ж) | [pólʲza] |
| variante (f) | вариант (м) | [variánt] |
| verdad (f) | истина (ж) | [ístina] |
| zona (f) | зона (ж) | [zóna] |

## 26. Los adjetivos. Unidad 1

| abierto (adj) | открытый | [otkrītij] |
| adicional (adj) | дополнительный | [dopolnítelʲnij] |
| agrio (sabor ~) | кислый | [kíslij] |
| agudo (adj) | острый | [óstrij] |
| amargo (adj) | горький | [górʲkij] |

| amplio (~a habitación) | просторный | [prostórnij] |
| antiguo (adj) | древний | [drévnij] |
| arriesgado (adj) | рискованный | [riskóvanij] |
| artificial (adj) | искусственный | [iskústvenij] |
| azucarado, dulce (adj) | сладкий | [slátkij] |

| bajo (voz ~a) | тихий | [tíhij] |
| bello (hermoso) | красивый | [krasívij] |
| blando (adj) | мягкий | [mʲáhkij] |
| bronceado (adj) | загорелый | [zagorélij] |
| central (adj) | центральный | [ʦɛntrálʲnij] |

| ciego (adj) | слепой | [slepój] |
| clandestino (adj) | подпольный | [potpólʲnij] |
| compatible (adj) | совместимый | [sovmestímij] |
| congelado (pescado ~) | замороженный | [zamoróʒenij] |
| contento (adj) | довольный | [dovólʲnij] |
| continuo (adj) | продолжительный | [prodolʒítelʲnij] |

| cortés (adj) | вежливый | [véʒlivij] |
| corto (adj) | короткий | [korótkij] |
| crudo (huevos ~s) | сырой | [sirój] |
| de segunda mano | бывший | [bīffij] |
| | в употреблении | v upotreblénii] |
| denso (~a niebla) | плотный | [plótnij] |

| derecho (adj) | правый | [právij] |
| difícil (decisión) | трудный | [trúdnij] |
| dulce (agua ~) | пресный | [présnij] |
| duro (material, etc.) | твёрдый | [tvɵ́rdij] |
| enfermo (adj) | больной | [bolʲnój] |
| enorme (adj) | огромный | [ogrómnij] |

| | | |
|---|---|---|
| especial (adj) | специальный | [spetsiálʲnij] |
| estrecho (calle, etc.) | узкий | [úskij] |
| exacto (adj) | точный | [tótʃnij] |
| excelente (adj) | отличный | [ɔtlítʃnij] |
| | | |
| excesivo (adj) | чрезмерный | [tʃrezmérnij] |
| exterior (adj) | внешний | [vnéʃnij] |
| fácil (adj) | лёгкий | [lɵ́hkij] |
| feliz (adj) | счастливый | [ʃislívij] |
| fértil (la tierra ~) | плодородный | [plɔdɔródnij] |
| frágil (florero, etc.) | хрупкий | [hrúpkij] |
| | | |
| fuerte (~ voz) | громкий | [grómkij] |
| fuerte (adj) | сильный | [síʲlʲnij] |
| grande (en dimensiones) | большой | [bɔlʲʃój] |
| gratis (adj) | бесплатный | [besplátnij] |
| importante (adj) | важный | [váʒnij] |
| | | |
| infantil (adj) | детский | [détskij] |
| inmóvil (adj) | неподвижный | [nepɔdvíʒnij] |
| inteligente (adj) | умный | [úmnij] |
| interior (adj) | внутренний | [vnútrenij] |
| izquierdo (adj) | левый | [lévij] |

## 27. Los adjetivos. Unidad 2

| | | |
|---|---|---|
| largo (camino) | длинный | [dlínnij] |
| legal (adj) | законный | [zakónnij] |
| ligero (un metal ~) | лёгкий | [lɵ́hkij] |
| limpio (camisa ~) | чистый | [tʃístij] |
| líquido (adj) | жидкий | [ʒïtkij] |
| | | |
| liso (piel, pelo, etc.) | гладкий | [glátkij] |
| lleno (adj) | полный | [pólnij] |
| maduro (fruto, etc.) | зрелый | [zrélij] |
| malo (adj) | плохой | [plɔhój] |
| mate (sin brillo) | матовый | [mátɔvij] |
| | | |
| misterioso (adj) | загадочный | [zagádɔtʃnij] |
| muerto (adj) | мёртвый | [mɵ́rtvij] |
| natal (país ~) | родной | [rɔdnój] |
| negativo (adj) | отрицательный | [ɔtritsátelʲnij] |
| no difícil (adj) | нетрудный | [netrúdnij] |
| | | |
| normal (adj) | нормальный | [nɔrmálʲnij] |
| nuevo (adj) | новый | [nóvij] |
| obligatorio (adj) | обязательный | [ɔbɪzátelʲnij] |
| opuesto (adj) | противоположный | [prɔtivɔpɔlóʒnij] |
| ordinario (adj) | обыкновенный | [ɔbiknɔvénnij] |
| original (inusual) | оригинальный | [ɔriginálʲnij] |

| peligroso (adj) | опасный | [ɔpásnij] |
| perfecto (adj) | превосходный | [prevɔsxódnij] |
| personal (adj) | персональный | [personálʲnij] |
| pobre (adj) | бедный | [bédnij] |

| poco claro (adj) | неясный | [nejásnij] |
| poco profundo (adj) | мелкий | [mélkij] |
| posible (adj) | возможный | [vɔzmóʒnij] |
| principal (~ idea) | основной | [ɔsnɔvnój] |
| principal (la entrada ~) | главный | [glávnij] |

| probable (adj) | вероятный | [verɔjátnij] |
| público (adj) | общественный | [ɔpʃéstvenij] |
| rápido (adj) | быстрый | [bïstrij] |
| raro (adj) | редкий | [rétkij] |
| recto (línea ~a) | прямой | [prɪmój] |

| sabroso (adj) | вкусный | [fkúsnij] |
| siguiente (avión, etc.) | следующий | [sléduʃʲij] |
| similar (adj) | похожий | [pɔhóʒij] |
| sólido (~a pared) | прочный | [prótʃnij] |
| sucio (no limpio) | грязный | [grʲáznij] |
| tonto (adj) | глупый | [glúpij] |

| triste (mirada ~) | печальный | [petʃálʲnij] |
| último (~a oportunidad) | последний | [pɔslédnij] |
| último (~a vez) | прошлый | [próʃlij] |
| vacío (vaso medio ~) | пустой | [pustój] |
| viejo (casa ~a) | старый | [stárij] |

## 28. Los verbos. Unidad 1

| abrir (vt) | открывать (нсв, пх) | [ɔtkrivátʲ] |
| acabar, terminar (vt) | заканчивать (нсв, пх) | [zakántʃivatʲ] |
| acusar (vt) | обвинять (нсв, пх) | [ɔbvinʲátʲ] |
| agradecer (vt) | благодарить (нсв, пх) | [blagɔdarítʲ] |
| almorzar (vi) | обедать (нсв, нпх) | [ɔbédatʲ] |
| alquilar (~ una casa) | снимать (нсв, пх) | [snimátʲ] |

| anular (vt) | отменить (св, пх) | [ɔtmenítʲ] |
| anunciar (vt) | объявлять (нсв, пх) | [ɔbjɪvlʲátʲ] |
| apagar (vt) | выключать (нсв, пх) | [viklʲutʃátʲ] |
| autorizar (vt) | разрешать (нсв, пх) | [razreʃátʲ] |
| ayudar (vt) | помогать (нсв, пх) | [pɔmɔgátʲ] |

| bailar (vi, vt) | танцевать (нсв, н/пх) | [tantsɛvátʲ] |
| beber (vi, vt) | пить (нсв, н/пх) | [pítʲ] |
| borrar (vt) | удалить (св, пх) | [udalítʲ] |
| bromear (vi) | шутить (нсв, нпх) | [ʃutítʲ] |
| bucear (vi) | нырять (нсв, нпх) | [nirʲátʲ] |

| caer (vi) | падать (нсв, нпх) | [pádatʲ] |
| cambiar (vt) | изменить (св, пх) | [izmenítʲ] |
| cantar (vi) | петь (нсв, н/пх) | [pétʲ] |
| cavar (vt) | рыть (нсв, пх) | [rītʲ] |
| cazar (vi, vt) | охотиться (нсв, возв) | [ɔhótitsa] |
| cenar (vi) | ужинать (нсв, нпх) | [úʒinatʲ] |

| cerrar (vt) | закрывать (нсв, пх) | [zakrivátʲ] |
| cesar (vt) | прекращать (нсв, пх) | [prekraʃátʲ] |
| coger (vt) | ловить (нсв, пх) | [lɔvítʲ] |
| comenzar (vt) | начинать (нсв, пх) | [natʃinátʲ] |
| comer (vi, vt) | есть (нсв, н/пх) | [éstʲ] |
| comparar (vt) | сравнивать (нсв, пх) | [srávnivatʲ] |

| comprar (vt) | покупать (нсв, пх) | [pɔkupátʲ] |
| comprender (vt) | понимать (нсв, пх) | [pɔnimátʲ] |
| confiar (vt) | доверять (нсв, пх) | [dɔverʲátʲ] |
| confirmar (vt) | подтвердить (св, пх) | [pottverdítʲ] |
| conocer (~ a alguien) | знать (нсв, пх) | [znátʲ] |

| construir (vt) | строить (нсв, пх) | [stróitʲ] |
| contar (una historia) | рассказывать (нсв, пх) | [raskázivatʲ] |
| contar (vt) (enumerar) | считать (нсв, пх) | [ʃʲitátʲ] |
| contar con … | рассчитывать на … (нсв) | [raʃʲítivatʲ na …] |
| copiar (vt) | скопировать (св, пх) | [skɔpírɔvatʲ] |
| correr (vi) | бежать (н/св, нпх) | [beʒátʲ] |

| costar (vt) | стоить (нсв, пх) | [stóitʲ] |
| crear (vt) | создать (св, пх) | [sɔzdátʲ] |
| creer (en Dios) | верить (нсв, пх) | [véritʲ] |
| dar (vt) | давать (нсв, пх) | [davátʲ] |
| decidir (vt) | решать (нсв, пх) | [reʃátʲ] |

| decir (vt) | сказать (нсв, пх) | [skazátʲ] |
| dejar caer | ронять (нсв, пх) | [rɔnʲátʲ] |
| depender de … | зависеть (нсв, нпх) | [zavísetʲ] |
| desaparecer (vi) | исчезнуть (св, нпх) | [isʃéznutʲ] |
| desayunar (vi) | завтракать (нсв, нпх) | [záftrakatʲ] |

| despreciar (vt) | презирать (нсв, пх) | [prezirátʲ] |
| disculpar (vt) | извинять (нсв, пх) | [izvinʲátʲ] |
| disculparse (vr) | извиняться (нсв, возв) | [izvinʲátsa] |
| discutir (vt) | обсуждать (нсв, пх) | [ɔpsuʒdátʲ] |
| divorciarse (vr) | развестись (св, возв) | [razvestísʲ] |
| dudar (vt) | сомневаться (нсв, возв) | [sɔmnevátsa] |

## 29. Los verbos. Unidad 2

| encender (vt) | включать (нсв, пх) | [fklʲutʃátʲ] |
| encontrar (hallar) | находить (нсв, пх) | [nahɔdítʲ] |

| encontrarse (vr) | встречаться (нсв, возв) | [fstretʃátsa] |
| engañar (vi, vt) | обманывать (нсв, пх) | [ɔbmánivatʲ] |
| enviar (vt) | отправлять (нсв, пх) | [ɔtpravlʲátʲ] |
| equivocarse (vr) | ошибаться (нсв, возв) | [ɔʃibátsa] |

| escoger (vt) | выбирать (нсв, пх) | [vibirátʲ] |
| esconder (vt) | прятать (нсв, пх) | [prʲátatʲ] |
| escribir (vt) | писать (нсв, пх) | [pisátʲ] |
| esperar (aguardar) | ждать (нсв, пх) | [ʒdátʲ] |
| esperar (tener esperanza) | надеяться (нсв, возв) | [nadéɪtsa] |
| estar ausente | отсутствовать (нсв, нпх) | [ɔtsútstvɔvatʲ] |

| estar cansado | уставать (нсв, нпх) | [ustavátʲ] |
| estar de acuerdo | соглашаться (нсв, возв) | [sɔɡlaʃátsa] |
| estudiar (vt) | изучать (нсв, пх) | [izutʃátʲ] |
| exigir (vt) | требовать (нсв, пх) | [trébɔvatʲ] |
| existir (vi) | существовать (нсв, нпх) | [suʃestvɔvátʲ] |

| explicar (vt) | объяснять (нсв, пх) | [ɔbjɪsnʲátʲ] |
| faltar (a las clases) | пропускать (нсв, пх) | [prɔpuskátʲ] |
| felicitar (vt) | поздравлять (нсв, пх) | [pozdravlʲátʲ] |
| firmar (~ el contrato) | подписывать (нсв, пх) | [potpísivatʲ] |
| girar (~ a la izquierda) | поворачивать (нсв, нпх) | [pɔvɔrátʃivatʲ] |
| gritar (vi) | кричать (нсв, нпх) | [kritʃátʲ] |

| guardar (conservar) | сохранять (нсв, пх) | [sɔhranʲátʲ] |
| gustar (vi) | нравиться (нсв, возв) | [nrávitsa] |
| hablar (vi, vt) | говорить (нсв, н/пх) | [ɡɔvɔrítʲ] |
| hablar con … | говорить с … (нсв) | [ɡɔvɔrítʲ s …] |
| hacer (vt) | делать (нсв, пх) | [délatʲ] |

| hacer la limpieza | убирать (нсв, пх) | [ubirátʲ] |
| insistir (vi) | настаивать (нсв, нпх) | [nastáivatʲ] |
| insultar (vt) | оскорблять (нсв, пх) | [ɔskɔrblʲátʲ] |
| invitar (vt) | приглашать (нсв, пх) | [priɡlaʃátʲ] |
| ir (a pie) | идти (нсв, нпх) | [itʲtí] |

| jugar (divertirse) | играть (нсв, нпх) | [iɡrátʲ] |
| leer (vi, vt) | читать (нсв, н/пх) | [tʃitátʲ] |
| llegar (vi) | приезжать (нсв, нпх) | [prieʒʒátʲ] |
| llorar (vi) | плакать (нсв, нпх) | [plákatʲ] |
| matar (vt) | убивать (нсв, пх) | [ubivátʲ] |
| mirar a … | глядеть на … (нсв) | [ɡlʲadétʲ na …] |

| molestar (vt) | беспокоить (нсв, пх) | [bespɔkóitʲ] |
| morir (vi) | умереть (св, нпх) | [umerétʲ] |
| mostrar (vt) | показывать (нсв, пх) | [pɔkázivatʲ] |
| nacer (vi) | родиться (св, возв) | [rɔdítsa] |
| nadar (vi) | плавать (нсв, нпх) | [plávatʲ] |
| negar (vt) | отрицать (нсв, пх) | [ɔtritsátʲ] |
| obedecer (vi, vt) | подчиниться (св, возв) | [pottʃinítsa] |
| odiar (vt) | ненавидеть (нсв, пх) | [nenavídetʲ] |

| oír (vt) | слышать (нсв, пх) | [slɨ́ʃatʲ] |
| olvidar (vt) | забывать (нсв, пх) | [zabɨvátʲ] |
| orar (vi) | молиться (нсв, возв) | [molítsa] |

## 30. Los verbos. Unidad 3

| pagar (vi, vt) | платить (нсв, н/пх) | [platítʲ] |
| participar (vi) | участвовать (нсв, нпх) | [utʃástvovatʲ] |
| pegar (golpear) | бить (нсв, пх) | [bítʲ] |
| pelear (vi) | драться (нсв, возв) | [drátsa] |
| pensar (vi, vt) | думать (нсв, н/пх) | [dúmatʲ] |
| perder (paraguas, etc.) | терять (нсв, пх) | [terʲátʲ] |

| perdonar (vt) | прощать (нсв, пх) | [proʃátʲ] |
| pertenecer a ... | принадлежать ... (нсв, нпх) | [prinadleʒátʲ ...] |
| poder (v aux) | мочь (нсв, нпх) | [mótʃʲ] |
| poder (v aux) | мочь | [mótʃʲ] |
| preguntar (vt) | спрашивать (нсв, пх) | [spráʃivatʲ] |
| preparar (la cena) | готовить (нсв, пх) | [gotóvitʲ] |

| prever (vt) | предвидеть (нсв, пх) | [predvídetʲ] |
| probar (vt) | доказывать (нсв, пх) | [dokázivatʲ] |
| prohibir (vt) | запретить (св, пх) | [zapretítʲ] |
| prometer (vt) | обещать (н/св, пх) | [obeʃátʲ] |
| proponer (vt) | предлагать (нсв, пх) | [predlagátʲ] |
| quebrar (vt) | ломать (нсв, пх) | [lomátʲ] |

| quejarse (vr) | жаловаться (нсв, возв) | [ʒálovatsa] |
| querer (amar) | любить (нсв, пх) | [lʲubítʲ] |
| querer (desear) | хотеть (нсв, пх) | [hotétʲ] |
| recibir (vt) | получить (св, пх) | [polutʃítʲ] |
| repetir (vt) | повторять (нсв, пх) | [poftorʲátʲ] |
| reservar (~ una mesa) | резервировать (н/св, пх) | [rezervírovatʲ] |

| responder (vi, vt) | отвечать (нсв, пх) | [otvetʃátʲ] |
| robar (vt) | красть (нсв, н/пх) | [krástʲ] |
| salvar (vt) | спасать (нсв, пх) | [spasátʲ] |
| secar (ropa, pelo) | сушить (нсв, пх) | [suʃítʲ] |

| sentarse (vr) | садиться (нсв, возв) | [sadítsa] |
| sonreír (vi) | улыбаться (нсв, возв) | [ulibátsa] |
| tener (vt) | иметь (нсв, пх) | [imétʲ] |
| tener miedo | бояться (нсв, возв) | [bojátsa] |

| tener prisa | торопиться (нсв, возв) | [toropítsa] |
| tener prisa | спешить (нсв, нпх) | [speʃítʲ] |
| terminar (vt) | прекращать (нсв, пх) | [prekraʃátʲ] |
| tirar, disparar (vi) | стрелять (нсв, нпх) | [strelʲátʲ] |
| tomar (vt) | брать (нсв), взять (св) | [brátʲ], [vzʲátʲ] |
| trabajar (vi) | работать (нсв, нпх) | [rabótatʲ] |

| | | |
|---|---|---|
| traducir (vt) | **переводить** (нсв, пх) | [perevɔdítʲ] |
| tratar (de hacer algo) | **пытаться** (нсв, возв) | [pitátsa] |
| vender (vt) | **продавать** (нсв, пх) | [prɔdavátʲ] |
| ver (vt) | **видеть** (нсв, пх) | [vídetʲ] |
| verificar (vt) | **проверять** (нсв, пх) | [prɔverʲátʲ] |
| volar (pájaro, avión) | **лететь** (нсв, нпх) | [letétʲ] |